大人のための
サーフィンはじめてBOOK

監修：細川哲夫

特典映像 DVD つき

「サーフィンの最大の魅力は、
波に乗ったときの爽快感。
あれは他のどんなスポーツでも
体験できないものですよ」

サーフィンを始めてから35年を経た今でも、サーフィンに
対する情熱は冷めるどころか、より熱くなっているという。

細川哲夫

1966年5月16日生まれ。東京都出身の50歳。15歳のときにサーフィンと出会い、以来、週末になると波を求めて湘南や千葉の海へ通う日々を送る。その後、18歳のときに湘南・鵠沼へ移住。さらにサーフィン漬けの生活を送り、27歳のときにJPSA（日本プロサーフィン連盟）公認のプロロングボーダーになる。1995年から2000年までは、そのスムーズかつスタイリッシュなライディングで、日本代表としてサーフィンの世界選手権に出場する。同時に、国内のコンテストでも次々と好成績を残した。近年は競技としてのサーフィンからは一線を画し、ショートボードやロングボードといった垣根を超えた独自のサーフィンスタイルを実践。さらにはJPSAの理事を務め、サーフィンの発展にも尽力している。

CONTENTS

SURFING FOR BEGINNERS

- 002 監修者・細川哲夫プロフィール

  これだけはそろえたい！
- 006 初めてサーフィンする人のための
  最低限の道具一覧

- 010 DVDの見方・使い方

011 PART 01 海に出る前の予備知識

サーフィンできる場所はどこ？
- 012 初めは他のサーファーがいる海に
  入るようにしよう

覚えておきたい気象知識
- 014 天気のことを知れば
  もっと波に乗れるようになる

ビーチで波チェック1
- 020 海に着いたら確かめたい8つのこと

ビーチで波チェック2
- 022 どんな種類の波か見分けよう

- 024 Column1／オレも始めた！ 体験者の声

025 PART 02 海に出る

サーフィンの基本はパドリング1
- 026 正しい姿勢で漕げばボードは速く進む

サーフィンの基本はパドリング2
- 028 速く漕ぐより一回一回確実に漕ぐ

サーフィンの基本はパドリング3
- 030 悪いパドリングは失速を招く

かんたんゲッティングアウト1
- 032 タイミングを見極めて楽に沖に出る

かんたんゲッティングアウト2
- 034 流れを利用すれば体力を温存できる

波を飛び越える
- 036 足がつくところはジャンプして波をやりすごす

プッシングスルー＆ローリングスルーのコツ1
- 038 小さめの波はプッシングスルーでやりすごす

プッシングスルー＆ローリングスルーのコツ2
- 040 大きめの波はローリングスルーでやりすごす

プッシングスルー＆ローリングスルーのコツ3
- 042 失敗しないための4つのポイント

波待ちのテクニック
- 044 まっすぐ前を見ればボードは安定する

- 046 Column2／ドルフィンスルーってこんな技

047 PART 03 ボードに立つ

どうしたらボードは進むのか？
- 048 波のスピードに同調させるとボードは走りだす

ボードが滑る感覚をつかむ
- 050 最初は手前の白い波で練習しよう

ボードに立ってみよう1
- 052 ビーチで基本姿勢＆動作

ボードに立ってみよう2
- 054 思いっきりパドリングしてスープで立つ

ボードに立ってみよう3
056 うねりからテイクオフするときは
一番いいポジションで行う

ボードに立ってみよう4
058 少し沖から助走をつけてテイクオフ

ボードに立ってみよう5
060 失敗する最大の原因は
パドリングを早くやめてしまうこと

横に進んでロングライディング1
062 斜め下に向かってテイクオフする

横に進んでロングライディング2
064 立ち上がる前から行き先に目線を向けておく

上手な失敗の仕方
066 なるべくボードから離れるように
ワイプアウトしよう

上手にライディングを終える
068 ストールする方法とプルアウトする方法がある

070 Column3／何回目で立てるようになる?

PART 04 こだわりの道具をそろえる
071

サーフボードの説明1
072 サーフボードを知れば上達はもっと早くなる

サーフボードの説明2
074 初心者に適したボードは
ずばりファンボードだ！

サーフボードの取り扱い方法
076 サーフボードは壊れやすい
ということを知っておこう

ウエットスーツの種類
078 季節によって厚さの異なる
ウエットスーツを使い分ける

サーフボードとウエットスーツのケア
080 海水を洗い流すと道具は長持ちする

サーフアクセサリーの使い方
082 フィン、リーシュコード、ワックスは
サーフィンに欠かせない道具

サーフボードを長持ちさせる術
085 小さな傷はリペアグッズでかんたんに直せる

サーフィングッズあれこれ
086 他にもあるぞ、こんな便利グッズ

悩み解決 Q&A

088 Q：サーフィンに役立つコツを教えて！

090 Q：サーフィンでやってはいけないことはある?

092 Q：最初はどこで練習すればいいの?

094 Q：サーファーたちの会話がわからない！

これだけはそろえたい！

初めてサーフィンする人のための
最低限の道具一覧

サーフィンは手軽に楽しめるスポーツ。しかし、一年を通じて日本でサーフィンする場合には、サーフボードの他にウエットスーツやワックスなどの基本的な道具が必要となる。サーフィンする季節や用途に応じて、必要最低限の道具をそろえよう。

MUST ITEM
➔ サーフボード

サーフィンにはボードが欠かせません。ショートボードからロングボードまで種類はさまざまですが、中高年ビギナーにはファンボードがおすすめ。浮力があるので、パドリング力がなくても楽にサーフィンを楽しめます。

MUST ITEM
↑ フィン

サーフボードのボトム面についている、魚のヒレのような形をしているのがフィン。これが海面に食い込み、サーフボードにおける舵の役割を果たします。形や数、取りつける位置によって乗り味が変わってきます。

↗ **セミドライ**

冬には欠かせない厚手のウエットスーツ。素材やファスナーまわりなど、寒さを防ぐためのさまざまな工夫が施されています。

↑ **フルスーツ**

全身を覆う厚さ3ミリ程度の、比較的薄手のウエットスーツ。春や晩秋に重宝する日本で一番使用頻度の高いタイプです。

↑ **スプリング**

初夏や秋口に活躍する半そで半ズボンタイプのウエットスーツ。真夏でも、朝などは少し冷えるときがあるので、持っていると便利。

← **トランクス**

厳密にいうとウエットスーツではありませんが、真夏に欠かせません。また、南の島などリゾート先でのサーフィンにも持っていきたいアイテムです。

MUST ITEM

↗ **ウエットスーツ**

ウエットスーツは体が冷えるのを防ぐ道具で、着用することで、より快適にサーフィンが楽しめます。一年のうち、ほとんどの季節でウエットスーツを必要とする日本の気候ではマストアイテム。最低でも3～4種類そろえましょう。

Must Items for Beginners

MUST ITEM
⬇ ハードケース

サーフボードを入れるための厚手のケースで、移動するときなどにサーフボードを守る役割を果たします。サーフボードは意外と壊れやすいので、サイズに合ったものをひとつは持っておきたい。旅にも役立つアイテムです。

MUST ITEM
⬆ ニットケース

ハードケースと同様、サーフボードを運んだり、保管したりするときに便利。薄くて軽いため、取り扱いが楽で、近くの海に行くときなどに役立ちます。また、サーフボードを直射日光から守る役割もあります。

MUST ITEM
⬆ デッキパッド

サーフボード上の足を置く位置に貼る道具で、足が滑るのを防ぎます。近年では後ろに置く足の位置にのみ使用するスタイルが一般的。特にロングボーダーよりもショートボーダーが使用するケースが多い。

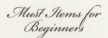

> MUST ITEM
>
> ### ⬇ リーシュコード
>
> 海の中でサーフボードが流れてしまうのを防ぐためのアイテム。サーフボードと自分の足をリーシュコードでつなぎます。波の大きさによって太さや長さの異なるタイプを使い分けますが、最初は太めのものを選びましょう。

> MUST ITEM
>
> ### ⬆ ワックス
>
> 足が水で滑るのを防ぐために、サーフボードに塗ります。海水温に応じて数種類のワックスがあるので、適切な硬さのものを塗るようにしましょう。好みによって、ワックスとデッキパッドを使い分ける場合もあります。

> MUST ITEM
>
> ### ➡ タオル
>
> タオルは海から上がったときに体をふいたり、着替えるときに必要になります。着替えるときのことを考えて、ふだんよりも大きめのサイズのものを用意しましょう。速乾性に優れたタオルを選ぶと便利です。

　必要最低限のギアをそろえるとき、特にポイントとなってくるのがサーフボードとウエットスーツです。

　まず、サーフボードは自分の体格やレベルに合ったものを選びましょう。背伸びして自分に合わないボードで始めると、上達のスピードが遅くなります。サーフショップのスタッフに相談して、自分の体格を見てもらった上で選んでもらうのが一番賢い方法です。

　ウエットスーツは、日本で夏だけサーフィンするのであれば、トランクスとスプリングだけで事足りるエリアがほとんど。夏にサーフィンを始めて、春や秋もサーフィンをしたいのならばフルスーツを、さらに冬も続けたいのであれば、セミドライを用意しましょう。

SURFING FOR BEGINNERS

大人のための
サーフィンはじめてBOOK
DVDの見方・使い方

本書にない
上級編も
完全収録！

この本のDVDではプロサーファーの細川哲夫が動画でサーフィンの基本をわかりやすく解説します。波の判断、沖に出るまで、テイクオフ、プルアウトなど、どのステップも流れが細かく確認できます。本書とあわせて活用してください。さらにDVDのみの特典映像として、長く乗るためのスピードアップ、カットバック、バックサイドなどのテクニックを紹介する上級編を完全収録。

メニュー画面から、見たいところを選択

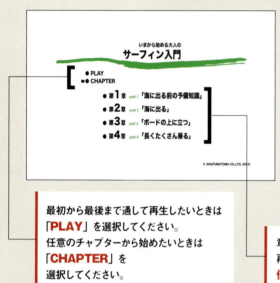

最初から最後まで通して再生したいときは「**PLAY**」を選択してください。
任意のチャプターから始めたいときは「**CHAPTER**」を選択してください。

章ごとに再生したいときは**任意の章**を選択してください。

任意のチャプターを選択してください。

【使用前のご注意】
■このDVD-Videoの映像、音声、並びにパッケージに関するすべての権利は、著作権者が有しており、私的な視聴に限って許されています。それ以外の使用、即ち複製、改変、上映、放送、インターネット等による送信、レンタル等することは、権利者に多大な損害を与えるため、法律により固く禁じられています。

【使用上のご注意】
■このDVD-Videoは、DVD 規格に準じて制作されています。必ずDVD-Video対応のプレーヤーで再生してください。パソコンやゲーム機などの一部の機種では、再生できない場合があります。
■ディスクの両面とも、指紋、汚れ、傷等をつけないようお取り扱いください。ディスクが汚れたときは、メガネふきのような柔らかい布で内周から外周に向かって、放射状に軽くふき取ってください。水洗いしたりレコードクリーナーや溶剤などのご使用はお控えください。
■ひび割れや変形、また接着剤で補修したディスクは、プレーヤー故障の原因にもなります。ご使用にならないでください。

【保管上のご注意】
■直射日光の当たる所や高温多湿の場所には保管しないでください。また本に挟んだままでも、上から重いものをのせて放置すると、変形の原因と

なります。またご使用後は、プレーヤーから取り出し、ケースに入れて保管してください。

【視聴の際のご注意】
■本DVD-Videoを視聴する際には、明るい部屋で、なるべく離れてご覧ください。長時間続けての視聴は避け、適度に休息をとるようにしてください。

【視聴の不具合】
■ディスク自体が原因と思われる視聴の不具合については、別記のコールセンターへご連絡ください。また、再生機器が原因と思われる不具合については、機器メーカーあるいは販売店へお問い合わせください。

【図書館のかたへ】
■このDVDは、非営利目的の利用に限り館外への貸し出しを許可します。
DVDの動作に関するお問い合わせ
【DVDサポートセンター】
0120-50-0627
お問い合わせ受付時間
土・日・祝日を除く10:00～17:00

32min.　COLOR　片面一層　MPEG2　日本語　字幕なし　　　　図書館での貸し出し許可　レンタル禁止　複製不可

PART 01

SURFING FOR BEGINNERS

海に出る前の予備知識

さあ、サーフィンを始めよう！　と思っていきなり海に行っても、
サーフィンのことを何も知らないなら、すぐに高い壁が現れます。
初めに最低限知っておくべき知識を頭に入れて、
それから実際の海へと向かえば、上達は確実に早くなります。

012	サーフィンできる場所はどこ？
014	覚えておきたい気象知識
020	ビーチで波チェック1
022	ビーチで波チェック2

PART 01
SURFING FOR BEGINNERS

サーフィンできる場所はどこ？
初めは他のサーファーがいる海に入るようにしよう

サーフィンは、波が割れていればどこでもできるというわけではない。サーフィンに適している波を理解し、そういった波が割れるポイントで練習するようにしよう。

岩が海面から出ていない
ライディング途中で岩にぶつかる可能性があるので非常に危険。特に初心者は海底が砂の海でサーフィンしよう。

波の上に滑走するスペースがある
横一直線に一気に崩れる波だと、ライディングするためのスペースがないのでサーフィンには向きません。徐々に崩れる波が○。

真ん中から左右に割れる波が理想
真ん中から左右に向かって徐々に崩れる波は"三角波"とも呼ばれます。これはサーフィンするには最適なコンディション。

他のサーファーが入っている
海がすいているほうが練習しやすいかもしれませんが、事故を起こしたときの対応を考えれば、まわりに経験者がいたほうが安心です。

海に出る前の予備知識

　サーフィンができるのは、岩が海面から出ていない、滑走するスペースのある波が割れる海。中でも、真ん中から左右に向けて徐々に波が崩れているような海が理想です。初めは海を見ただけでは、サーフィンに適しているかどうかは判断できないかもしれません。そんなときはとりあえず、他のサーファーが入っている海を選びましょう。経験を積むことによって、やがてどんな波がサーフィンに向いているのか、わかってきます。

　逆にサーファーのいない海は、海面のすぐ下に岩が隠れていたり、危険な海洋生物が生息していたり、さまざまな要因からサーフィンに適していない可能性があるので、海に入るのは避けたほうが無難です。

PART. 01
SURFING FOR BEGINNERS

覚えておきたい気象知識
天気のことを知れば
もっと波に乗れるようになる

サーフィンは自然が作り出す波に乗るスポーツ。だからこそ、天気のことを知っておきたい。天気について知れば知るほど、どんな波が立つのか予想がつきやすくなるし、よりたくさんの波に乗れるようになるから。

波はどうやって起こるのか？

波が起こる最もポピュラーな原因は風です。海面上を風が吹くと、空気と海水の摩擦で海面に波が立ちます。風が強ければ強いほど海面は強くあおられ、波は大きくなりそうですが、どんなに強い風でも、一瞬でやんでしまっては、波は大きくなりません。波が大きく成長するには、一定の時間、風が吹き続けなければなりません。また、風が吹き渡る距離も重要です。波は風下にいけばいくほど大きくなるので、風が吹く距離が短いと十分に発達することができません。低気圧や台風のような、広範囲に長時間、強い風を吹かせるような現象が広い海の上にないと、大きな波は出現しません。だからといって風によってできたばかりの波＝風波は、ただ海面が風にあおられているだけなので、形は切り立っていて不規則で、波の間隔もそろっておらず、何よりも海面が盛り上がるそばから、自重に負けて崩れ去ってしまいます。こんな波では、サーファーはほんろうされるだけで、波を乗りこなすことはできません。

サーフィンに適した波とは、沖から等間隔で規則正しくやってきて、ビーチ近くできれいに割れる"うねり"です。うねりは、発達した風波によって激しく揺れ動いた海面の振動が波紋のように周囲に伝わる現象で、海上の風が弱いほどきれいに遠くまで届きます。風波は不規則で不ぞろいですが、波が周囲に広がる間に、次第に一定の大きさ、周期に収まっていきます。最後は、波と波の間隔もほぼ一定で、なだらかな形のうねりとなります。形がなだらかだからうねりはかんたんには崩れず、そのエネルギーははるか遠くまで温存されて運ばれてきます。そして海岸近くまでやってきて水深が浅くなると、海底との摩擦によって、うねりの進行にブレーキがかかります。しかし後ろから次の波がやってくるので、うねりはそこで止まれず、高く盛り上がって、やがてブレイクします。

もとの風波が大きければ大きいほどうねりも大きくなるので、発達した低気圧や台風が海上にあれば、かなり遠方からでもうねりがやってきます。台風ならば2000キロ以上離れた所からでもうねりがやってくるほどです。

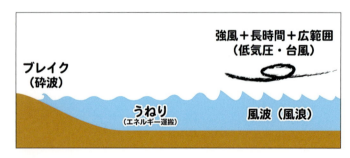

波を作り出すのは、比較的遠方の海上で吹く風。その風が強いほど、そしてより広範囲に長時間吹けば吹くほど、風波は大きくなる。

海に出る前の予備知識

解説：森 朗
Profile
(株)ウェザーマップ専任の気象予報士。ロングボードをたしなむサーファーでもある。TBS系の番組のお天気コーナーで活躍するほか、サーフィンと気象に関する著書も多数。

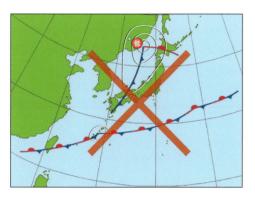

低気圧が日本のほぼ真北に位置しているため、波はあっても、海岸周辺では風が強く、サーフィンには適さない波となる。

日本は高気圧に覆われているが、海上に十分大きな低気圧があるので、サーフィンに適した波が太平洋側の海岸に届く。

天気図のかんたんな見方

　波があるのかないのか、サイズが大きいのか小さいのか。天気図を見れば、おおよその傾向は読み取ることができます。天気図には、過去の気圧配置を記録した実況天気図と、翌日以降の気圧配置の予想を描いた予想天気図があります。ただし、予想はあくまでも予想です。翌日になって、予想天気図に描かれていなかった低気圧が突然発生したり、前線の通過タイミングがずれたりと、多少予想と違ってくることもあります。

　天気図を見るポイントは、低気圧や台風など、強い風を起こす現象の有無と、あればその場所。もしも、日本の真北に低気圧があったり、台風が接近していたりすると、波は期待できません。海岸では風が強く、天気も悪いことが多いからです。風が吹くので波は立ちますが、サーフィンには向かない風波ですし、もし遠くの海からうねりがやってきても、海岸近くの風と風波で、せっかくのうねりが台無しになってしまいます。日本の真北に特に発達した低気圧がなく、反対に高気圧に覆われているようなときは、風が弱く、うねりがきれいに入りやすくなります。となれば、あとはうねりのもととなる低気圧や台風が沖にあるかどうかがポイント。天気図で見る低気圧や台風は、等圧線が木の年輪のように、幾重にも中心を取り巻いています。この等圧線が集中しているあたりが風の強い範囲で、風波も発達しているところです。等圧線が密集していればいるほど風は強く、この範囲が広ければ広いほど、風が吹く範囲も広く、風波も大きくなっているはずです。

　そして、その低気圧や台風から、波紋が広がるように周囲にうねりが発射されます。その様子をイメージしてみましょう。自分がサーフィンをするポイントにうねりが向かってくるか、これで想像ができます。あとは低気圧や台風との距離ですが、近すぎると波が大きすぎるし、遠ければうねりが届きません。目安として、台風や低気圧の中心から等圧線が密集した範囲の端までの、3倍ぐらいの範囲が、適度なうねりの届く範囲でしょう。

015

潮の満ち干と波の関係

波の状態を左右するものには、いくつか大切な要素があります。そのひとつが潮回り。海水は、太陽や月の引力と、地球が太陽の引力に逆らうために生じる遠心力によって、常にどこかの方向に引っ張られています。そのため、海面の高さは、月や太陽との位置関係で刻々と変化しています。これが潮の満ち干。地球と月、太陽がほぼ一直線に並ぶとき、つまり満月や新月のときには、海水がひとつの軸方向に引っ張られるので、潮の満ち干が大きくなり、大潮になります。一方、そうでないときは、海水が引っ張られる軸が分散するので、潮の満ち干は小さくなり、その度合いによって中潮、小潮、あるいは長潮、若潮などと呼ばれます。

潮の満ち干は、天体の動きに連動して、一日に満潮が2回、干潮が2回現れ、その時刻も日によって、場所によって変化するので、それに伴って波の状態も刻々と変化します。潮の満ち干が波に及ぼす影響はふたつあって、ひとつは潮位の変化によるブレイクの質の変化。潮位が変化するということは、水深が変化するということ。つまり、水深が変化する時間とともにブレイクポイントも変化するわけです。さらにブレイクポイントが変化すれば、そのポイントの海底の地形、砂のたまり方などによって、波の形も変化してきます。

もうひとつは、潮の満ち干により海水全体が動くことによって起こる波の変化で、湾の奥にあるポイントなどの場合は潮が満ちてくる上げ潮のときには、沖から海水が入り込んでくるのと同時に、うねりも届きやすくなり、反対に潮が引いて湾から海水が出ていく下げ潮のときには、うねりも入りにくくなる傾向があります。また、大潮のときは小潮のときよりも海水の動きが激しく、出入りも大きいので波に対する影響も大きくなります。

このように潮の満ち干は波に大きく影響しますが、潮の満ち干は天体の動きと連動しているので、かなり先まで計算できているのです。その計算結果をまとめたのが、「潮見表」で、これはサーファーの必需品。

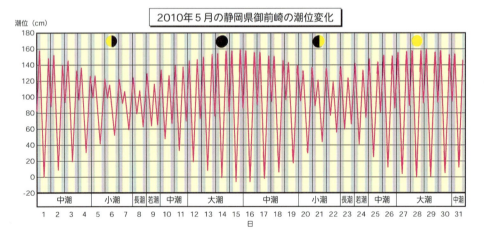

太陽と月、そして地球の位置関係によって、潮位は変化する。表を見てもわかるとおり、満月や新月のときには、特に大きく潮が動く。

海に出る前の予備知識

オフショアが吹いたときは、波の形が整い、ホレたコンディションとなることが多いので、サーフィンには適した風といわれている。

オンショアが吹くと波が乱され、あちこちで白波が立つグシャグシャのコンディションになる。サーフィンに向かないとされている風。

風向きと波の関係

　ビーチで吹く風は、波の質に最も影響を及ぼすといってもいいでしょう。風は、波ができるのに不可欠なものですが、うねりにとってはあまりありがたくない存在。だからビーチでは風はないに越したことはありません。しかし、山や建物によって風が遮られる内陸部や都市部ならともかく、真っ平らな海が眼前に広がるビーチで無風ということは、まずありえません。

　沖から陸地に向かって吹く風を"オンショア"といいますが、オンショアは基本的にサーフィンには向かない風です。風波は、風下に向かって発達するので、強いオンショアのときには、沖からビーチに向かって風波がどんどん大きくなってきます。その結果、ビーチ近くでは泡立った白波だらけ、波が立っては崩れる、といったグシャグシャなコンディションになってしまいます。せっかくうねりが入っていても、沖からの強風と風波ですっかりうねりが乱されてしまって、きれいなブレイクは期待できません。漕いで（パドリング）沖に出ようにも、すぐ風に押し戻されてヘトヘトになってしまいます。

　反対に、ビーチから沖に向かって吹く風"オフショア"は、一般的にサーフィンに適しています。オフショアの風は、ビーチに向かってくる波を押しとどめることになるので、うねりの進行にブレーキをかけることになります。すると波はますます高く盛り上がって、大きなブレイクを出現させるのです。しかも大きいだけではなくて、ゆっくりと割れて、岸に向かって崩れる波面が適度にカールした、いわゆる"ホレた"波となります。ただし、ビギナーにとっては、波が大きくなりすぎたり、ファンボードだと立ち上がるときにノーズ（ボードの先端）が刺さりやすかったりして、ハードコンディションになってしまう可能性もあるので、オフショアだから何でもいいとは一概にはいえません。また、オフショアが強すぎると、波のほうが風に負けてビーチまで入ってこられず、風はあっても波がないという状態になることもありますし、波待ちしていると、沖に流されてしまうこともあるので要注意です。

地形と波の関係

その日、その時刻の波の状態は常に変化するものですが、本質的にビーチの波質を決定するのは、海岸線の形状や、ビーチ近くの海底の状況などの海岸の地形です。

波は沖からビーチに向かってまっすぐやってきます。多少方向が斜めでも、最後は海岸線に向かって真正面にやってくるのです。これは波の進む速さが、水深によって決まってくるため。波は水深が浅くなってくると、海底との摩擦が生じて進行にブレーキがかかり、スピードが落ちます。たとえば、南向きの海岸に南西方向から波がやってきたとすると、海岸線の西のほうには、早く波が到達する分、早くブレーキがかかります。反対に、海岸線の東のほうでは、なかなか波がビーチに近づかないので、ブレーキもかかりません。このため初めは南西から北東に向かっていた波が、海岸近くでは北向きに向きを変えて、最後は海岸線と真正面に向き合うように海岸へ達します。この性質のせいで、湾の奥のような弓形に延びた海岸では、波も海岸線の形に合わせて扇状に広がり、波のエネルギーも分散して、波は小さくなりやすいのです。反対に、岬のように海に突き出した海岸には波が集まって、波のエネルギーも集中してサイズも大きくなります。

また、海底の地形は波の割れ方に大きく影響します。岩礁や珊瑚礁のようなリーフは、海底がいきなり浅くなっているので、うねりの大きさや潮位が多少変化しても、同じ場所でブレイクしやすく、さらに、沖から温存されて運ばれてきたエネルギーが、その場で一気に解放されるので、パワフルなブレイクになりやすいのです。

砂地の海底の場合は、海底にたまった砂の凸凹＝サンドバーによって波がブレイクします。サンドバーは通常、海岸線とほぼ平行に沖から岸の間に何本も形成され、うねりの大きさや、潮位の状況でブレイクする場所がコロコロ変わりますし、台風や大雨でも砂のたまる場所が変わって、なかなか安定しません。逆にいえば至る所でいろんなサイズ、形のブレイクが現れ、ケガをする危険も少ないので、ビギナー向きといえるでしょう。

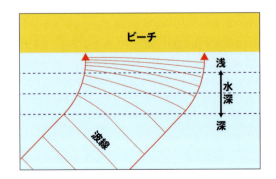

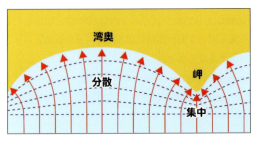

うねりの向きや海岸の地形によって、波の力が集まったり分散したりする。ビギナーは湾奥のほうが小さいサイズの波でサーフィンを楽しめる。

海に出る前の予備知識

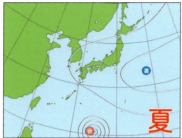
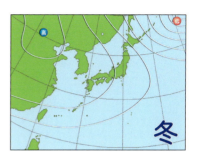

春と秋は近場を通る低気圧が波の発生源。通過中は海が荒れてしまうが、風が弱まったタイミングを見計らえば、いい波にありつける可能性は高い。

夏は南太平洋上で台風が頻繁に発生する。この台風から届くしっかりとしたうねりが、質の高い波になる。特に風の吹かない朝と夕方が狙い目。

冬は北太平洋上で猛烈に発達した低気圧から送りだされるうねりに期待。北西からの季節風が弱まったときに、そのうねりが届くケースが多い。

四季折々の日本の波

　波の質を決定づける要素はいろいろありますが、周囲を海に囲まれた日本は、質はともかく波には恵まれており、四季折々に特徴があります。

　春の波は、日本付近を頻繁に通過する低気圧によって起こるものがほとんど。低気圧からは南に寒冷前線が延びることが多く、低気圧が日本海を通過すると、九州から本州にかけては寒冷前線が通過して強風が吹き荒れてしまい、海も荒れてしまいます。低気圧が太平洋上を、天気に影響がない程度に離れて通るか、低気圧が通過したあと、風が収まって、風波がうねりに変わってくるタイミングがベスト。春は昼間に潮が大きく動きやすく、風も午前と午後で大きく変わったりします。一日の間でも波が変化しやすいので、波がなくても粘る価値があります。

　夏の波は台風に期待したい。大型の台風がフィリピンの東海上にあれば、日本の太平洋沿岸部にうねりが届く可能性が十分あり、特に遠くの台風から届くうねりは、見た目のサイズは小さくてもパワーが強い。ただし、少しでも台風が近づくと、いきなり波のサイズが大きくなってくることがあるので注意が必要。台風がないときでも、日本の夏は南うねりが入りやすく、海岸では午後になると海風が強くなる傾向があります。

　秋になると、再び低気圧が頻繁に日本付近を通過するようになります。春と同じように低気圧の波が期待されますが、海岸の風や潮の満ち干は、春と比べると変化が小さい。だから波もあまり変化がなく、波の数も次第に減ってきてしまいます。

　冬になると、日本列島を北西の季節風が吹き抜けるようになってきます。北太平洋では低気圧が猛烈に発達し、この低気圧から送りだされるうねりは日本にも向かってきますが、季節風がうねりの進行を妨げてしまうので、なかなかその恩恵を受けることができません。しかし、北西の季節風も、何日か吹き続けると弱まるタイミングがやってきて、北向きあるいは東向きの海岸に、大きなうねりがやってくることもあります。

PART. 01

SURFING FOR BEGINNERS

ビーチで波チェック1
海に着いたら 確かめたい8つのこと

海に着いてから、すぐに着替えてそのまま海に入るのは間違い。なぜなら、波のコンディションがいいのか悪いのか、まったくわからないから。まずは海の8つの状況を確かめるようにしよう。

01 混雑状況

サーファーが誰もいない海も問題だが、サーファーが多すぎるのも問題。波に乗れないばかりか、衝突事故も起こりかねません。

08 ビーチブレイクかリーフブレイクか

海底の状況がビーチなのかリーフなのかによって、波のコンディションや危険度が変わります。初心者はビーチブレイクで練習しよう。

海に出る前の予備知識

03 セット間隔
大きめの波と波との間隔がどれくらいの長さなのかを見極めます。セット間隔が長いと乗れる波が少なく、短いと沖に出るのが大変。

05 風向き
ビーチではどの方向から風が吹いているのかを判断します。風は波の質に大きな影響を及ぼします。ゆるいオフショアが最適な風。

02 波の質
どんなタイプの波かによってその日のコンディションが初心者向きか上級者向きか判断できます。斜面の急な波は避けたほうが無難。

04 波のサイズ
初心者の場合、波が大きすぎると危険なので、小さめを選ぼう。だいたい自分の腰くらいまでのサイズがベスト。

07 流れ
海の中には流れが存在しています。うまく流れを見つけて利用できれば、特にゲッティングアウト（沖に出る）時に役に立ちます。

06 うねりの向き
一見しただけではわかりづらいですが、うねりがどの方向からやってくるのかチェックします。その向きによって波の質が変わります。

　最近は携帯電話やインターネットによる波情報が普及していますが、それでも波は刻一刻と変化しています。だから、海に着いたら必ず自分の目で波を確かめること。最低でも5分、できれば10分。波は一定の間隔を空けてまとめてやってくるので、それくらいの時間の波チェックは必要なのです。そして、混雑状況、波の質、セット間隔、波のサイズ、風向き、うねりの向き、流れ、海底の状況といった8つの点を確かめるようにしよう。その上で、その海は自分のレベルに合っているのかを判断。波が大きすぎたり、人が多すぎたりしたら、他の場所へ移ること。もし、問題がないようなら、どこから出て、どこで波を待つかなど、イメージしてから海に入ろう。

PART. 01
SURFING FOR BEGINNERS

ビーチで波チェック2
どんな種類の波か見分けよう

ひと言で波といっても、うねりの強さや風向き、海底の地形などによって、いろいろなタイプの波に変化する。そのときのコンディションを見極め、自分が楽しめる波の割れる海に入るようにしたい。

厚い波
ブレイクするときの波の斜面がゆるやかで、波の上部からゆっくりと割れるような状態を厚い波と呼びます。テイクオフのときにタイミングが取りやすく、また立ち上がるまでの時間的余裕もあるので、初心者には最適なコンディションです。練習にもぴったりの波でしょう。

ホレた波
厚い波とは逆に、ブレイクするときの波のスロープが急な状態がホレた波。波の上部から一気に崩れ、厚い波に比べて波自体にパワーがあり、割れるときに波の斜面が筒状の空間を作ることもあります。ブレイクのタイミングが一瞬で、衝撃も強いので初心者には向きません。

海に出る前の予備知識

速い波

速い波というのは、横方向へブレイクするスピードが速い状態のこと。たとえば真ん中から左右に向かって波が崩れていくとき、その崩れる速度が速く、常に横へスピードをつけて進んでいかないと、ライディングするためのスペースが確保できません。どちらかといえば上級者向き。

オフショアの波

ビーチから沖に向かって風が吹いている状態の波。波のコンディションが整いやすいため、サーフィンに向いています。また、オフショアが吹いているときは波がホレやすくなりますが、あまりホレると初心者には難しいので、ゆるやかなオフショアの状態が最適。

オンショアの波

逆に沖からビーチに向かって吹く風をオンショアと呼びます。オンショアが吹くと、波が浅瀬に近づいたときに割れるタイミングより先に、波の上部が風によって崩されてしまうため、コンディションが乱されてしまいます。強いオンショアはサーフィンには適さない風です。

Column_1

オレも始めた！体験者の声
Elderly surfer's voice

勝又泰雄さん　59歳
勝又さんは50歳を過ぎた今でもショートボード。
海の近くに家も会社も引っ越して、
現在は千葉で不動産業を営んでいる。

　勝又さんはいわゆる中高年のサーファー。サーフィンを始めたのが43歳のとき。しかし、今はサーフィンと理想的な付き合いをしています。
「始めた当時は都内に住んでいたんです。社員にサーフィンをやっている若い子がいて、誘ってくれたんですよ」と勝又さん。
　初めてボードを抱えて行った伊豆の海で「おもしろい！」と感じたようです。
　それから、好きが高じて、47歳のときに千葉の海岸沿いに移住。50歳のときには仕事場も千葉に移しました。
「今はお客さんの大半がサーファーです。海では必ず知り合いと会うようにもなりました。目標はケガをしないで、できるだけ長くサーフィンを続けることですね」

PART
02

SURFING FOR BEGINNERS

海に出る

海に出たら、最初はパドリングもままならず、
自分は初心者だということを嫌でも思い知らされることでしょう。
しかし、ひとつひとつポイントをチェックし、楽しみながらやれば、
次第に体がコツを理解するようになるはずです。

026	サーフィンの基本はパドリング1
028	サーフィンの基本はパドリング2
030	サーフィンの基本はパドリング3
032	かんたんゲッティングアウト1
034	かんたんゲッティングアウト2
036	波を飛び越える
038	プッシングスルー&ローリングスルーのコツ1
040	プッシングスルー&ローリングスルーのコツ2
042	プッシングスルー&ローリングスルーのコツ3
044	波待ちのテクニック

PART. 02

SURFING FOR BEGINNERS

サーフィンの基本はパドリング1
正しい姿勢で漕げばボードは速く進む

サーフィンの場合、実は波に乗っている時間よりも、パドリングしている時間のほうが圧倒的に長い。だからこそ、まずはビーチで正しいフォームを練習して、身につけるようにしよう。

前から後ろまで漕ぐ
腕をしっかりと前方まで伸ばして、最後まできちんと漕ぐようにしよう。こうすることで1回のパドリングで進む距離が違ってきます。

足を閉じる
バランスを保つために、足を閉じるようにしよう。特に初心者は疲れてくると足が開きがちになり、バランスを保てなくなるので注意。

前を見る
自分の行く方向に目線を向けます。初心者は自分の乗っている位置などを確認するため、目線を下に落としがちになるので注意。

ボードの側面であるレールに沿って漕ぐ
レールのすぐ近くで漕ぐことが大事。腕がレールから離れてしまうと、浅いパドリングになってしまい、スピードが出ません。

海に出る

　サーフィンは沖に出るときにスノーボードなどのようにリフトがあるわけではありません。自分で漕いで（パドリング）、波が割れる場所まで行かなければなりません。また、波をつかまえるときにもパドリングをして、推進力を得なければなりません。つまりサーフィンで最も重要なのはパドリングといっても過言ではないのです。

　速いパドリングを実現させるためには、主に8つのポイントに重点を置いて練習しましょう。この正しい姿勢をマスターできれば、速くなるだけでなく、体力も消耗しづらくなります。特に初心者は体力がなく、パドリングスピードも遅いので、正しいフォームを身につけることがサーフィン上達の第一歩になるのです。

胸を反る
パドリングのときは、エビ反りになるくらい胸を張って反ることが大切。すると肩がスムーズに回る上、腕の回転も速くなります。

ストリンガーの真ん中に乗る
サーフボードには通常、ストリンガーと呼ばれる中心線があり、その真ん中に体の軸を合わせて乗るとバランスが取りやすくなります。

ボードの中心にヘソを置く
体をボードの前後のどこに置くかは、ヘソを支点にして考えるとわかりやすい。ボードの中心にヘソを持ってくるようにしよう。

手を軽く開く
手はリラックスさせ、軽く開いた状態がベスト。これだと漕ぐときに水を手でとらえやすく、結果としてスピードがつきやすくなります。

027

PART.02 SURFING FOR BEGINNERS

サーフィンの基本はパドリング2
速く漕ぐより一回一回確実に漕ぐ

ビーチでパドリングの基本姿勢を確認したら、次は実際に海へ出てパドリングしてみよう。そのときもビーチで練習したことをひとつひとつ確認して行うように。

1 目線
目線が前を向いているか確認。下を向くと安定感に欠ける上に、前方確認もできず、人とぶつかったり、波をくらったりして危険。

2 手の開き
手はリラックスして、軽く開いた状態になっているかどうか確認。正しい状態だと、漕いだとき、手に水の抵抗を感じます。

3 胸の反り
しっかり胸が反っているかどうか。ビーチではできていても、海に出るとバランスが取りにくいため、胸の反りを忘れてしまいがち。

4 閉じた足
足をぴったりと閉じることにより、バランスが保てます。こうするとパドリング時の余計な抵抗が軽減され、スピードが速くなります。

海に出る

　初心者の場合、パドリングを速くしようとして、とにかく腕をがむしゃらに速く回そうとします。確かに速く腕を回すことはスピードにつながりますが、だからといって間違った姿勢で速く回しても、ボードはなかなか前に進んでいきません。大事なのは、一回一回のパドリングで、どれだけの推進力を得られるかなのです。

　海に入ったときは、ビーチで行った練習を思い出し、ひとつひとつチェックポイントを確認しながら漕ぐようにしよう。その上で、速く腕を回すことができれば、パドリングスピードは飛躍的に上がるはず。逆に、パドリングしても思うように進まず、手ごたえを感じないようなら、どこか姿勢に問題があると考えられます。

5 ストリンガーの真ん中
体の軸がストリンガーの上に乗っていると、左右への体の片寄りがなくなり、進むときの抵抗も減ってスピードがつきます。

6 ボードの中心にヘソ
ボードのちょうど中央付近にヘソを置いているか確認。正しい姿勢のときは、ノーズが海面上に浮いているような状態になります。

7 レールに沿う
ボードの側面であるレールに沿って漕ぐことで、腕が海中に深く刺さり、一回一回のパドリングの効果が高くなります。

8 前から後ろまで
できるだけ前方から、なるべく後ろのほうまでしっかりと漕ぎます。途中で手を海面上に抜かないように注意したい。

PART. 02
SURFING FOR BEGINNERS

サーフィンの基本はパドリング3
悪いパドリングは失速を招く

正しいフォームでパドリングをしないと、ただ疲れるだけで、思ったように前へ進んでいかない。特に初心者が陥りやすい失敗例をここに挙げたので、自分のパドリングをチェックする際の悪いサンプルとして参考にしよう。

足が開いている
バランスを取ろうとして、自然に足を開いた状態になってしまいます。しかし、これはかえって逆効果。見た目も不格好です。

乗る位置が後ろすぎる
ヘソの位置がボードの中心よりも後ろになると、ノーズが必要以上に浮き上がってしまいます。そうなると、ボードが進むときに水の抵抗を受け、失速します。

胸を反っていない
パドリングには思っている以上に背筋力が必要です。筋力が発達していない初心者は、楽をしようとして胸がボードにベタッとくっついてしまいがち。

体が左右に振れる
最も多い悪い例のひとつがこれ。特に疲れてくると、どうにかして進もうと空回りしてしまい、こうなりがち。体の軸を一定にして、肩から腕を回すようにしよう。

海に出る

　海でよく見かけるのが、一生懸命速くパドリングしようとしているのに、まったく前に進んでいかない初心者サーファーの姿。そういう人は、残念ながら、26〜29ページで述べた基本的なフォームのチェックを怠っているケースが非常に多い。その中でも群を抜いて多いのが、バランスが安定していないケースと、疲れてきたときに体が大きく左右に振れてしまうケースです。これだと、漕いだときに正しく水をとらえられないばかりか、逆に失速を招いてしまうことさえあり得るのです。

　このような悪い例になっていないか、チェックするいちばんの方法は、全身鏡を使ってフォームを確認すること。そして、正しい姿勢を体にしみ込ませるようにしよう。

手が閉じている
この状態だと、手のひらに空気を含んで、うまく水をとらえられなくなります。直しやすい悪い例なので、すぐに修正しよう。

浅く漕いでいる
ボードのレールに沿って漕がず、離れた場所を浅く漕いでいるだけだと、腕が海中に深く潜っていかないので、パドリングスピードも遅くなります。

手が開いている
手を開きすぎても、指と指の間から水が抜けて、スカスカのパドリングになってしまいます。また、体に余計な力も入りやすくなります。

ストリンガーからずれている
初心者はボードの上でバランスがなかなか取れません。その最たる原因のひとつが、体がストリンガーからずれているというケースです。

PART. 02
SURFING FOR BEGINNERS

かんたんゲッティングアウト1
タイミングを見極めて楽に沖に出る

波の上をライディングするためには、まずはパドリングをして、波が割れている場所までゲッティングアウトしていかなくてはならない。そのときにちょっとしたコツを使えば意外と楽に出られるので、覚えておかない手はない。

セットの波が来ている
白く泡立つ波がいくつかまとまってやってきており、さらに沖では大きめの波がブレイクしている。このタイミングで沖に出るのは難しい。

海に出る

　できるだけかんたんに沖へ出るには、波の状況を見極める必要があります。大きめの波はセットと呼ばれ、一定の間隔を空けて2、3本まとまってやってくるので、そのセットの波が来ているときにゲッティングアウトしようとしても、波に押し戻されるばかりで、なかなか出ていくことができません。特にショートボードよりも大きなファンボードやロングボードだと、岸に向かってくる波をまともに受けやすく難しい。逆にセットの波が来ていないときを見計らってゲッティングアウトすれば、それほど波を受けずに沖へ出られるということ。

　やみくもに出ていくのではなく、波打ち際で少し波を観察し、タイミングを見計らうのが賢いやり方です。

セットの波が来ていない
同じ海でも、セットの波がやみ、海が静かになるときがある。そのタイミングを見極めて一気に沖へ出るようにしよう。

PART. 02

SURFING FOR BEGINNERS

かんたんゲッティングアウト2
流れを利用すれば体力を温存できる

海の水は常に動いている。波とともに岸までやってきた海水は、どこかで沖へと戻っていく。その沖へ向かう流れ＝カレントを見つけて利用できれば、体力を温存したまま波が割れている所（ラインナップ）に行くことができる。

波が割れているエリアは大変
サーファーたちが波待ちするエリアまでまっすぐ向かっていくのは、岸へ向かう流れに逆らうということ。これは賢い方法ではありません。

海に出る

　タイミングを見極めてゲッティングアウトする方法の他に、できるだけかんたんに沖まで出る方法は、沖へと向かうカレントの利用です。

　では、沖へと向かうカレントは一体どこにあるのか？ それはズバリ、波が割れていないエリアです。たとえセットの波が来ていても、海の中にはあまり波がブレイクしないエリアがあります。そこは他と比べて水深が深く、沖へと向かうカレントが発生している可能性が高い。基本的には、波が割れている場所の周辺にそのエリアがあることが多い。波を待つ場所までまっすぐ行くよりも距離としては遠くなりますが、結果的には楽に、しかも早くゲッティングアウトできるので、体力を温存できるのです。

波が割れていないエリアを目指す
遠回りと思っても、波が割れていないエリアに発生している沖へと向かうカレントを利用すると、すんなりゲッティングアウトできます。

035

PART. 02
SURFING FOR BEGINNERS

波を飛び越える
足がつくところは
ジャンプして波をやりすごす

沖へ出るときにも波はやってくる。いくらセットの合間にカレントを利用してゲッティングアウトしても、まったく波を受けないでラインナップにつくのは難しい。ここでは足がつく場所での波のやりすごし方をマスターしよう。

01
スープの場合

スープがやってきたら、①でボードを持ち上げます。そのとき、ノーズを上に上げるのがポイント。そして、②でボードを前方に投げ出すようにして波を回避しつつ、自分もジャンプします。最後に、③でボードに乗り込みます。

海に出る

　足がつくところで波が来たときにやりすごす方法は、主に二通りあります。まずは波が崩れたあとに立ち上がる白い泡＝スープがやってきた場合は、ボードを持ち上げて、自分もジャンプしてから、ボードに乗り込むようにして飛び越える方法。多少は波の衝撃を受けますが、その場で立ったままの状態よりも衝撃ははるかに弱くなります。

　もうひとつは、足がつく浅瀬でブレイクする前のうねりがやってきた場合に、ボードを少し海面下に沈めて、そこに飛び乗るようにして波をやりすごす方法。このときには波の衝撃をほとんど受けないので、岸側へ戻される心配はありません。ただし、どちらも海底が砂のビーチブレイクにのみ有効なテクニックです。

02
うねりの場合

うねりがやってきたら、1でボードを前方に滑らせるようにして少し沈めます。次に、2でジャンプして、自分の体重をボードに預けるようにします。最後に、3でボードに乗り込みます。こうすれば波の衝撃を受けないでやりすごせます。

プッシングスルー&ローリングスルーのコツ1
小さめの波は
プッシングスルーでやりすごす

ゲッティングアウト中、足がつかないところでパドリングしているときに波がやってきたらどうするか？ 浮力のあるファンボードの場合、波の状態によって二通りの方法があるが、ここではプッシングスルーというテクニックを紹介する。

パドリングしている状態から、スピードを保ったまま波に向かっていきます。そして腕を伸ばして、波を通すためのスペースを作ります。

腕を伸ばしたまま体をボードに預けると、ボードが海面下に少しだけ沈みます。さらに、ストリンガーの上に片足をのせて3つの支点でバランスを取ります。

体とボードの間を波が完全にスルーしたら、伸ばした腕を元どおりに戻し、再びパドリングする体勢に持っていきます。

もたもたしていると次の波がやってきてしまうので、プッシングスルーが終わったら、すばやくパドリングして沖を目指そう。

海に出る

　ゲッティングアウト時にやってきた波をやりすごすプッシングスルーという方法は、文字どおりボードをプッシュ（押す）するテクニック。特にこれは波がそれほど大きくないときに有効な回避方法で、波のサイズがだいたい腹くらいまでの高さのときに有効です。
　成功させるためのポイントは、両手と片足で3つの支点を作ることと、そのときにボードと体の間に波を通すこと。ただし、この体勢は不安定になりがちなので、足をストリンガーの上にきちんと乗せることを心がけよう。また、このときにボードを海面の下に少し沈めなければなりませんが、浮力のあるファンボードでも、体をきちんとボードに預けるようにすれば、比較的かんたんに沈むはずです。

そのままの状態で沖のほうへ進んでいくと、波が岸へと進んできて、体とボードの間にできたスペースをスルーします。

波を受けないように、できるだけ体を高い状態に保ったまま、波が通過するのを待ちます。そのとき、片方の足を上へ上げておくようにするといい。

3つの支点で
バランスを取る

ポイントは、両手を平行にして胸の下に置き、軽くレールをつかむということ。また、足を置く位置は必ずストリンガーの上にします。

PART. 02
SURFING FOR BEGINNERS

プッシングスルー&ローリングスルーのコツ2
大きめの波は
ローリングスルーでやりすごす

ゲッティングアウトしているとき、もしプッシングスルーが効かないくらい大きな波がやってきたら、ローリングスルーというテクニックを使おう。これはボードをひっくり返し、自分も海中に潜るというダイナミックな技。

大きめの波がやってきたら、両手でレールをしっかりとつかみ、左右のどちらかに体重を移動して、ボードから下ります。

ボードから下りるときの勢いを利用して、同時にボードをひっくり返し、ボトム面が上に向くようにします。

波の通過に伴う衝撃を感じなくなったら、波をやりすごしたという証拠。それから元の体勢に戻るようにします。

あくまでも波が通過してから元の体勢に戻らないと、ローリングスルーした意味がなくなってしまうので、焦らず行いたい。

海に出る

　ファンボードは初心者でも波をキャッチできるよう、かなりの浮力を持たせています。それは同時に大波が来たときに深く沈めてやりすごすのが難しいともいえます。

　そんなときに有効なのがローリングスルーというボードをひっくり返す方法です。サーフボードについているロッカーと呼ばれる反りが海中でブレーキの役割を果たし、波によってボードが押し戻されるのをある程度防いでくれます。また、同時に自分も海中に潜ることで、波から受ける衝撃を減らすことができます。

　他にもボードを深く沈めてやりすごすドルフィンスルーという方法もありますが、これはどちらかというとショートボード向けの技になります。

自分が海中に潜った状態で波がやってくるのを待ちます。このときもレールをしっかりとつかんだまま、体をボードに引きつけます。

波が通過する瞬間、ボードを押し戻そうとする衝撃を感じるので、その力でボードが離れていかないように、さらにレールをしっかりとつかみます。

ボードと体が離れないようにする

海中ではプッシングスルーと似たような体勢になっていますが、違いは両手で体をボードに引きつけ、離れないようにしているところ。

041

PART. 02
SURFING FOR BEGINNERS

プッシングスルー&ローリングスルーのコツ3
失敗しないための4つのポイント

プッシングスルーとローリングスルーは中級者でも失敗することがあるので、もしやってみて、他の人よりも自分が余計に岸に戻されるようなら、どこかに間違いがあるはず。特に下記の4つの点がきちんとできているか確かめてみよう。

スピードをつけてアプローチ

プッシングスルーの場合、アプローチの段階でスピードをつけることによって、ボードが沈みやすくなります。また、ローリングスルーのときも安定感が増すので、きちんとパドリングしてからアプローチしよう。

進入角度は波に対して90度

ボードは細長いので、波に対して90度で進入していけば、波とぶつかる面積が小さくなります。進入角度が浅く、ボードが横になっていればなっているほど、波の衝撃を受け岸側へと戻されやすくなってしまいます。

海に出る

　プッシングスルーとローリングスルーの場合、その体勢を陸上で繰り返して、体に覚えさせるのが有効な練習方法です。しかし、実際の海では動いている波を相手にこのテクニックを行わなければなりません。
　まずアプローチの段階で十分なスピードをつけるようにしましょう。こうすることで波に押し戻されにくくなる上、ボードの安定感も増します。そして波を受ける面積を極力減らすために、波に対して90度で進入します。また、よく見かけるのが、波が来る直前でいきなり準備を始めるサーファー。波が動いていることを計算した上で準備をしよう。終わったあとは、すぐにまた沖を目指すのもコツのひとつ。もたもたしていてはいけません。

少し早めに準備を始める

プッシングスルーもローリングスルーも、すばやく行ったほうがスムーズに波をスルーしやすいですが、慣れない初心者には不向き。体勢を整えるのに時間がかかるものだと割り切った上で、早めに準備しよう。

スルーしたら休まずパドリング

どちらも体力を使うテクニックなので、終えたあとは疲れを感じるはず。だからといって同じ場所でもたもたしていると、また次の波がやってきてしまいます。なるべく早く沖へ出たほうが体力を消耗しなくて済みます。

PART. 02
SURFING FOR BEGINNERS

波待ちのテクニック
まっすぐ前を見れば ボードは安定する

沖に出たらあとは波に乗るだけとはいえ、沖に出た途端にいい波がやってくるほど、自然は甘くない。いい波が来るまで沖で待つことも大事。そのときの波待ちのテクニックをマスターしよう。

前を見ることで波も確認しやすい
しっかりと上体を起こし、まっすぐ前を見据える。そうすることで安定感が増す上に、遠くのうねりまで発見しやすくなります。

パドリングをするときは腹ばいになりますが、沖に着いて、波を待っている間も同じ体勢だと、体力を消耗します。また、視点が低いために、沖からやってくるうねりを発見しづらいというデメリットもあります。そこで、ボードの上に座る波待ちの体勢を取るようにしよう。これだと疲れない上に、視点が高いからうねりを発見しやすくなり、波に乗れる数も増えます。

最初はボードが安定しないし、海面はうねりによって上下するので、余計に難しく感じるかもしれません。それでも、ボードの真ん中よりやや後ろに座れば、安定しやすいはず。万が一バランスを崩したときは、足を動かして体勢を立て直そう。

レールを軽くつかむ
初心者はどうしてもバランスの悪さを腕の力でカバーしようとして、レールをがっちりとつかみ、力んでしまいます。しかし、そうなると海面の上下運動に柔軟に対応できないので、リラックスしながら要所で力を入れることが大事。

座る位置は真ん中よりやや後ろ
どの位置に座るかによってバランスの取りやすさがずいぶん変わってきます。正解はボードの真ん中よりやや後ろ、ちょうどノーズが海面から浮くくらいの位置。その場所にワックスで印をつけておくのもコツのひとつ。

Column_2

ドルフィンスルーってこんな技
This is what Duck Dive is

ボードが小さいため、沈めやすいけれど、
逆に安定を得るのは難しくなる技。
タイミングを計りながらトライしてみよう。

ドルフィンスルーは、英語ではダックダイブと呼ばれる波をやりすごすテクニックです。しかし、この技は、ショートボードでなければ成功させるのは難しい。なぜなら、サーフボードを体ごと海の中へ沈めなければならず、ファンボードやロングボードだと浮力がありすぎるからです。

将来的にショートボードへ変更する人のために少し解説をすると、波がやってきたら、胸の下に手を置いて上半身を起こし、前に体重を預けます。ノーズのほうが沈んだ状態で片方のつま先をテールにひっかけ、海中へ押し込みます。同時にお尻を高く上げるようにして、自分も潜ります。慣れるまでは何度も失敗しますが、成功すればかなり大きな波でもスルーできます。

PART
03

SURFING FOR BEGINNERS

ボードに立つ

テイクオフし、サーフボードに立ち上がることができたら、
そこはもう「ライディング」という領域です。
サーフィン本来の魅力を存分に味わえるテクニックなので、
このパートはじっくりと向き合って練習するようにしよう。

048	どうしたらボードは進むのか？
050	ボードが滑る感覚をつかむ
052	ボードに立ってみよう1
054	ボードに立ってみよう2
056	ボードに立ってみよう3
058	ボードに立ってみよう4
060	ボードに立ってみよう5
062	横に進んでロングライディング1
064	横に進んでロングライディング2
066	上手な失敗の仕方
068	上手にライディングを終える

PART. 03
SURFING FOR BEGINNERS

どうしたらボードは進むのか？
波のスピードに同調させるとボードは走りだす

サーフィンは、波が崩れる直前にできる斜面の上を滑走するスポーツ。ただ、その斜面を滑るためには、自分で初速をつけなければならない。つまり、テイクオフするためにはパドリングが必要になってくる。

まったくパドリングをしないと…
そのままの位置に取り残され、波が通りすぎていきます。つまり、波が進んでいるので、人は後ろに進んでいるのと同じことになります。

ボードに立つ

サーフィンは、スノーボードのように斜面の上に立てば自然と滑っていくわけではありません。なぜなら波自体も岸のほうに向かって動いているので、同じ場所にとどまったままでいると、サーファーは後ろに進んでいるのと同じことになるからです。そこで、波の斜面を滑走するためには、パドリングでスピードをつけて、波が進んでいるスピードに同調させる必要があります。

試しにまったくパドリングをしないと、波が通りすぎていってしまいます。パドリングをしても十分なスピードが得られないと、同じように失敗します。だからこそ、テイクオフするときは、ゲッティングアウトのとき以上に一生懸命漕がなくてはならないのです。

パドリングで十分なスピードをつけると…
波がやってくるスピードとボードが進むスピードが同調し、そこで初めて波の斜面の上を滑りだします。

PART. 03
SURFING FOR BEGINNERS

ボードが滑る感覚をつかむ
最初は手前の白い波で練習しよう

サーフボードが滑りだす原理がわかったら、実際に海の中でその滑る感覚を味わいたい。最初は水深が自分の腰より浅い場所で練習するのがポイント。その際、スープと呼ばれる白い波を利用しよう。

最初は水深が自分の腰よりも浅い場所で沖のほうを向いて、スープがやってくるのを目で確認します。

スープがやってきたら、ボードを岸側へ向けます。しかし、目線は沖のほうへ向けたままにして、スープとの距離感をつかみます。

スープが体に当たるのと同時のタイミングで海底を蹴って、岸側へ向かってボードにスピードをつけます。

また、蹴りだすのと同じタイミングで、ボードに乗り込みます。そのとき、ヘソがボードの中央にくるようにして、バランスを取ります。

ボードに立つ

　波が崩れたあとに残る白い波は、海外ではホワイトウォーターと呼ばれ、日本ではスープと呼ばれています。そのスープ自体が持つパワーは、崩れる直前の波よりも劣るものの、ボードを滑らせるのには十分な力を備えています。そこで、足がつく浅瀬でスープを待ち、スープがやってきたら岸側へ方向転換をします。そして、タイミングを合わせて海底を蹴り、岸側へ向かってボードを加速させると同時に、ボードに乗り込みます。

　するとスープが進むスピードとボードのスピードが同調して、何もしなくてもボードがスーッと前に滑りだします。この練習を何度か繰り返して、ボードが滑りだす感覚をつかんでから、次のステップに進むようにしよう。

ボードが波に対して90度になるようにセットしつつ、スープが直前に迫ってくるまで、視覚でタイミングを見計らいます。

スープが直前までやってきたら、ヒザを少し曲げ、腰を若干落とし、海底を蹴りだすための力をためます。

すると、海底を蹴ることによってパドリングをしなくてもボードに十分なスピードがつくので、ボードが自然と滑りだします。

余計な力を入れずにバランスを取り、できるだけ岸のほうまで滑っていきます。この練習を何回か繰り返し、滑る感覚をつかんでみよう。

PART. 03

SURFING FOR BEGINNERS

ボードに立ってみよう1
ビーチで基本姿勢&動作

次はサーフボードに立ち上がるわけですが、いきなり海の中でトライする前に、ビーチでスタンドアップの体勢を練習しよう。また、同時に立ち上がるときの動作の確認もしよう。

レギュラースタンス
左足を前、右足を後ろに置く姿勢。ナチュラルスタンスとも呼ばれています。

上半身を正面に向ける
意識するのは肩。両肩を結ぶ直線が、ストリンガーに対してほぼ90度になるように、上半身をひねり、正面を向くようにします。

ヒザを軽く曲げる
ヒザはサスペンションの役割を果たします。ヒザを軽く曲げて、海面の変化にすばやく対応できるようにしよう。

グーフィースタンス
右足を前、左足を後ろに置く姿勢。レギュラースタンス、グーフィースタンス、どちらも試してみて、より自然で、自分に合ったほうを選ぼう。

まっすぐ前を見る
サーフィンでは目線が非常に大事。目線を下に落とさず、前を見ることで、行き先を確認できる上、安定感も増します。

前に出した足はボードの中央付近
大抵の場合、ボードは中央付近がバランスの中心になるように作られています。その近くに前に出した足を置くと安定します。

スタンスは肩幅よりやや広く
両足の幅は、肩幅よりもやや広い程度が理想的。それより狭いと安定感が悪く、広いと海面の急な変動に対応しづらくなります。

ボードに立つ

　サーフボードの上に立つということは、腹ばいになった状態よりも当然バランスが取りにくくなります。ボードが滑りだしても、初心者は立ち上がるときにきちんとした姿勢を取れなかったり、もたついたりして失敗しがち。サーフィンの場合は波自体が動いているので、この立つという行為がことのほか難しいのです。

　そこで、ビーチでスタンドアップの姿勢を確認するときは、52ページの5つのポイントをチェックしよう。そして、立ち上がる動作を練習するときは、イチ、ニ、サンのリズムで、なるべくすばやく立ち上がるようにしよう。なぜなら、立ち上がる途中の体勢は、特に不安定でバランスを崩しやすいからです。

イチ　手を胸の下に置く
ボードが滑りだしたら、パドリングをやめて、手を胸の下あたりに置きます。ここだと前に出した足の位置が決まりやすくなります。

ニ　ヨーイの姿勢を取る
腕を伸ばして上体を起こし、足をボードの上に置きます。これはちょうどヨーイのときの姿勢と同じ。足を置く位置に注意しよう。

サン　サッと立ち上がる
ボードの上に立ち上がり、基本姿勢を取ります。ニのときの姿勢は安定感が悪いので、なるべく早くこの姿勢になるようにしよう。

NG! 典型的な悪い例

手が前すぎる
手の位置が前すぎると、立ち上がる動作が不自然になる上、足をいい位置に乗せることができません。

レールをがっちりつかむ
立ち上がるときは、レールを軽くつかむ程度でかまいません。がっちりつかむと力が入りすぎてしまいます。

お尻が落ちる
ニの姿勢のときに、お尻が片方に落ちてしまう人がいます。これだとバランスが取れません。

ボードに立ってみよう2
思いっきりパドリングしてスープで立つ

次は海の中に入って立ち上がろう。最初はやはり岸寄りのスープを利用するのが、感覚をつかむのにはいい練習方法。この段階では、足がつく所でもいいので、パドリングをしてから立ち上がるようにしよう。

スープがやってきたら、ボードを岸側に回転させ、パドリングを開始します。自分とスープの位置を確認しながら行うのがコツ。

スピードが十分についた状態でスープが追いついてくると、波とボードの速度が同調し、パドリングをしなくてもボードが進み始めます。

ニでヨーイの体勢を取ります。海の中で実際にやってみるとわかりますが、この体勢はかなり不安定。だから、すばやく次の動作に移ろう。

サンでボードから手を離し、立ち上がります。ヒザを曲げて、バランスを上手に保ちながら、基本姿勢を取るようにします。

ボードに立つ

　実際に海の中で立ち上がるときは、よく波の状況を確認しておかなければなりません。波が崩れてスープになったあと、自分のところにやってくるまでに、パドリングで十分なスピードをつけておく必要があります。ここでパドリングをさぼってしまうと、スープが通りすぎてしまう場合があります。ただし、パドリングを始めるのが早すぎると疲れてしまうので、3メートルほど手前のところまで迫ってきてから始めるようにしましょう。

　ボードが滑りだしたら、パドリングをやめて立ち上がります。初心者は立ち上がる意識が強すぎて、早めにパドリングをやめてしまう傾向があります。少し余計に漕ぐくらいの気持ちで臨もう。

ボードが滑りだしたのを確認してからパドリングをやめ、立ち上がる体勢へと移ります。パドリングをやめるのが早すぎないように注意しよう。

イチで手をボードの上に置きます。そのときの位置は、ビーチで練習したときのように、胸の下あたりにしよう。

ボードはスピードがついていればいるほど安定します。立ち上がったあとも十分なスピードがついているかぎり、ボードはバランスを保ちます。

できるだけ岸まで乗りつなぎます。ただし、スープの波は空気を含んでいるため少し不安定なので、途中で落ちても気にせずに再度トライしよう。

055

PART. 03
SURFING FOR BEGINNERS

ボードに立ってみよう3
うねりからテイクオフするときは一番いいポジションで行う

スープの波でほとんど失敗しないでテイクオフできるようになったら、次はうねりからテイクオフしてみよう。うねりとは、波が崩れる前の状態のこと。通常、サーフィンはこのうねりの状態でライディングをする。

波がやってきたら、ピークがどこなのかを見極め、その場所まで移動します。ピークは、波が最も盛り上がり、一番初めに崩れだす場所です。

波と自分の位置関係を確かめながら、次は岸に向かってパドリングを始め、波が崩れる瞬間にトップスピードを持ってくるようにします。

ボードが押されて滑りだしたら、パドリングをやめて立ち上がる準備をします。ピークを見つけられれば、パドリング力がない人でも比較的楽に滑りだします。

波が崩れる前に立ち上がることで、うねりからのテイクオフが成功するのです。これが前後のどちらにずれても失敗します。

ボードに立つ

　うねりからライディングをする場合、テイクオフする場所がとても重要です。波にはパワーのある場所とない場所があり、テイクオフするには最もパワーのある場所で行うほうがはるかに楽だからです。つまり、パドリング力が発達していない初心者でも、その場所を見つけられれば、比較的かんたんにボードが滑りだすということなのです。

　では、最もパワーがある場所はどこかというと、波が一番初めに割れるところです。この場所はピークと呼ばれています。海の中で上手なサーファーを見ると、パドリングでピークまで移動してからテイクオフをしているのがわかります。まずは波を見る目を養い、そしてなるべくすばやくピークへ移動するようにしよう。

崩れる直前にテイクオフする

ピークを見つけるとき、左右に移動することも大事ですが、前後への移動も大事です。ちょうど波が崩れる直前にテイクオフできるように、自分をその場所まで持っていく必要があります。

岸に寄りすぎるとうねりから立ち上がれない

テイクオフする位置が岸に寄りすぎると、波が崩れてしまい、スープからのテイクオフと同じことになってしまいます。もう少し沖の位置でテイクオフしなければなりません。

沖に行きすぎるとボードが滑っていかない

テイクオフしようとする位置が沖に行きすぎると、今度は波が十分に切り立っていないため、いくらパドリングしてもボードが滑っていきません。これは経験者でも陥る失敗例です。

PART. 03
SURFING FOR BEGINNERS

ボードに立ってみよう4
少し沖から助走をつけてテイクオフ

うねりからテイクオフするとき、ちょうど波が崩れる直前にパドリングをトップスピードに持っていかなければならない。ただし、その波が崩れる場所を探し当てるのは難しい。そこで、そのポジションを判断するための練習をしよう。

助走

崩れる直前にトップスピードに持っていく
コツは少しだけ沖で波待ちをして、早めにパドリングを始めることです。そうすればスピードを調整しながらテイクオフの位置を確かめられます。

ボードに立つ

　まず、沖で少し波待ちをします。うねりがやってきたら、岸に向かってパドリングをします。そして、波と自分の位置を確かめ、スピードを調節しながら、ブレイクする瞬間にトップスピードに持っていきます。つまり、早く準備を始めて、助走をつけるというやり方です。

　特にビギナーは直前にパドリングを始めて十分なスピードをつけるのが難しいので、ぴったりの練習方法です。この方法でテイクオフを試みた場合、最初はタイミングがわからず、波がボードを通りすぎてしまうことがあります。そうしたら、次は少しだけ岸寄りに位置してパドリングをします。そうやって徐々に位置の修正を行うことで、次第にちょうどいい位置がわかってくるはずです。

うねりがやってきたら、パドリングを開始して助走をつけます。そのとき、うねりの状況を確かめ、自分の位置を調整しながらパドリングを行います。

波が崩れる瞬間にトップスピードに持ってくるようにします。特にブレイクの直前は思いっきりパドリングする必要があります。

波の進行速度と自分の進行速度が同調し、ボードがスーッと滑りだしたら、パドリングをやめて立ち上がる準備に入ります。

イチ、ニ、サンのリズムで、立ち上がります。そして、ライディング時の基本姿勢を取ります。

ボードに立ってみよう5
失敗する最大の原因はパドリングを早くやめてしまうこと

テイクオフ失敗の原因には、体力、タイミング、立ち位置など、さまざまな理由がある。しかし、その中でも初心者が最も陥りやすい失敗は、ボードが滑りだす前にパドリングをやめてしまうこと。

うねりが近づいてきたので、パドリングを開始します。波と自分の距離を確認しながら、テイクオフの準備をします。

ここでパドリングをやめ、スタンドアップのときのイチの姿勢を取っています。しかし、ボードはまだ滑りだしていません。

この状態になってしまうと、もうテイクオフはできません。再び沖でラインナップし、テイクオフを試みることになります。

特に初心者は立ち上がろうとする意識が強すぎるため、パドリングを早くやめる失敗例が目立ちます。楽をしようとせず、最後まで漕ぐようにしよう。

ボードに立つ

　サーフィンにおける最大の難関はテイクオフといっても過言ではありません。特に初心者は立ち上がろうとする意識があまりにも強く、まだボードが滑りだしていないのにスタンドアップの動作に移ってしまうことがよくあります。これではテイクオフはうまくいきません。

　まず、波のスピードとボードのスピードを同調させることに意識を置くようにし、それから立ち上がるようにしよう。そのためには、滑りだした瞬間を感覚的にとらえることが重要です。また、初心者は筋力が発達していないので、楽をしようとして、どうしてもパドリングを早めにやめてしまいがちになります。最初は少し余計に思うくらいパドリングをしたほうがいいでしょう。

早くパドリングをやめてしまったため、ボードのスピードと波のスピードが同調せず、ボードに立つことができません。

この時点で波がボードを通りすぎてしまっています。もう少しパドリングを続けていれば、ボードは滑りだしていました。

最後の一かきがテイクオフを可能にする

最初は「しつこいかな」と思うくらい余計にパドリングしよう。実は、最後の一かきがテイクオフ成功の鍵を握っているのです。

061

PART. 03
SURFING FOR BEGINNERS

横に進んでロングライディング1
斜め下に向かってテイクオフする

次は波に対して横に進んでみよう。岸に向かってまっすぐ進むだけだと、波が崩れたあとのスープに囲まれ、前に進む以外に行き先がなくなってしまうが、横に進むことによってロングライディングが可能となる。

波に対して45度くらいの角度をつける

横に進むときは、テイクオフのときから少し横を向いておきます。ただし、あまり横を向きすぎるとボードが滑っていきません。

ボードに立つ

　うまい人のライディングを見ると、波に対して横に進んでいることがわかります。これは、サーフィンが基本的にフェイスと呼ばれる、崩れる前の波の斜面を滑るスポーツだからです。つまり、波のブレイクに追いつかれないようにして、横へ進まなければならないのです。

　横へ進むためのコツは、テイクオフの時点から少し斜め下のほうを向いてパドリングをするということです。特に小さい波の場合、フェイス上のスペースが小さいため、まっすぐテイクオフしてから横を向くのはかなり難しい。かといってあまり横を向きすぎるとパドリングのスピードが分散してしまうので、波に対して45度くらいの角度をつけてテイクオフするようにしよう。

テイクオフの時点で、少しだけ横を向いてパドリングをします。そのとき、目線も横に向け、進行方法を見据えるようにします。

スタンドアップのときのニの姿勢を取りますが、この時点ですでにボードは横を向いて滑りだしています。

サンで立ち上がったとき、無理なく横に進んでいます。これが可能なのは、なによりテイクオフの段階から横を向いていたから。

引き続き行き先を見据えながら横へと進んでいきます。これができるようになると、ライディングの距離が格段に延びます。

横に進んでロングライディング2
立ち上がる前から 行き先に目線を向けておく

横にライディングをする場合、大切なのはきちんと目線を行き先に向けること。サーフィンにおいて、この目線は非常に大事な役割を果たすので、テイクオフする前から行く先を見据えるようにしよう。

うねりがやってきたらパドリングを始めますが、この時点で目線は横を向いて、ボードの行き先を決めていきます。

ボードが滑りだし、パドリングをやめても、目線は行き先に向けたまま。そうすることでボードがやや横に向きます。

この状態のときには、ボードは目線のほうへ向かおうと、自然に小さなターンを行っています。

完全にボードが目線と同じほうへ向き、横へと進んでいます。こうしてロングライディングも可能になります。

ボードに立つ

　人間の体は上半身と下半身の動きが密接に連動しています。たとえば陸上で走るときも、行き先に目線を向けることによって、足もその方向に向いていきます。お互いがバラバラな動きをすることは、ほとんどありません。サーフィンの場合も同様で、自分が進みたいと思った方向に目線を向けることによって、少し遅れて上半身がその目線の方向を向くようになります。

　そして、次に下半身がその方向を向き、最後はボードが向いていきます。こうして、体の上のパーツから順番に行く方向を決定づけるのです。これは、いわゆる上半身の先行動作と呼ばれるもので、テイクオフのときだけではなく、どんな場面でも適用されます。

スタンドアップのイチの体勢になったときでも、目線を下に落とさず、横に向けたままにしておきます。

目線を変えずにニの体勢を取ります。特にビギナーはスタンスの位置を確かめるため、目線を落としがちになるので注意しよう。

上半身で先行動作を行う

目線、上半身、下半身、ボードという動きの連動を促すため、目線を含めた上半身を意識し、他の部位に先行して動作を始めます。

065

上手な失敗の仕方
なるべくボードから離れるように ワイプアウトしよう

プロサーファーでも失敗することはある。すべての波を完璧に乗りこなすことはほぼ不可能なのだ。ただし、上手なサーファーは失敗の仕方もうまい。ここではワイプアウトと呼ばれる失敗の上手な方法をマスターしよう。

沖側か後ろに飛び込む
ワイプアウトするときには、飛び込む方向が重要。岸側や前ではなく、沖側か後ろにワイプアウトするようにしましょう。

ボードに立つ

　サーフボードは短いものでも2キロ以上、長くて重いものだと3キロや4キロもの重量があります。誰にでもライディング中に失敗することはありますが、この2キロ以上のサーフボードが体にぶつかるようなワイプアウト（落ち方）だけは避けなければなりません。

　誰もが意図的にワイプアウトするわけではありませんが、それでも「もうこれ以上ライディングを続けられない」と感じたときは、なるべくボードから離れる方向へ飛び込むようにしよう。具体的には、サーフボードより沖側か後ろ。岸側や前側に飛び込んだりすると、波の力でサーフボードが自分のほうへやってきて、ボードとぶつかってしまいます。

これ以上ライディングが不可能だと判断したら、自分が飛び込む場所を見据えて、確認しておく。

岸側や前に飛び込むとボードが自分のほうへやってきてしまうので、沖側か後ろに向かって飛び込む。

正しい方向にワイプアウトしないと、事故につながってしまいます。ボードは軽くないので、大きなケガにつながりかねません。

沖側の後ろに向かって飛び込んだので、安全にワイプアウトできました。ボードをたぐり寄せ、再びライディングしましょう。

PART. 03

SURFING FOR BEGINNERS

上手にライディングを終える
ストールする方法と
プルアウトする方法がある

ワイプアウトしないで、意図的にライディングを終えるためには、ストールやプルアウトといったテクニックを使います。状況によってこの二つを使い分けることができれば、初級は卒業といえるでしょう。

ストールする場合

1 横に進んでいましたが、自分のまわりの波がすべて崩れてしまい、これ以上ライディングが不可能だと判断。

2 そこで、ノーズが浮き上がるくらいまで極端に後ろに置いた足へ体重を移動し、減速をします。そのとき、後ろに置いた足を一歩テール寄りにずらすと減速が楽になります。

3 十分なスピードを保てなくなったボードは、海中に沈んでいきます。そのとき、ボードが波によって岸へ持っていかれないようにレールをつかみます。

サーフィンでは、後ろに置いた足の荷重は減速することと同じです。後ろに置いた足のヒザを曲げて、体重をテールのほうへかけるようにしましょう。

068

ボードに立つ

サーフィンの場合、前に置いた足の荷重が加速、後ろに置いた足の荷重が減速という原則があります。つまり、ライディング中に速度を上げたいのであれば、前に置いた足に重心を置き、速度を落としたいのであれば、後ろに置いた足に重心を置くのです。

その原則どおり、ストールしてライディングを終える方法では、後ろに置いた足に軸を移して荷重をかけます。

するとボードは減速して、ライディングを意図的に止めることができます。プルアウトは、ストールの状態からさらに沖側へ大きく上半身をひねり、ボードを波の裏側へと持っていくようにします。このとき、可能であれば後ろに置いた足を少しだけテール寄りにずらしましょう。これはステップバックという技で、そのほうが楽に減速することができます。

プルアウトする場合

1　前方から波が崩れてきて、これ以上ライディングができないときには、目線を波の裏側に向けて、プルアウトの準備をします。

2　ノーズが浮くくらい大きく後ろへと荷重をかけたら、同時に上半身を波の裏側へひねります。するとボードが波の裏側へと方向転換していきます。

3　ボードが完全に波の裏側に来たら、プルアウトは成功です。再びパドリングをして、ラインナップを目指そう。

後ろに置いた足に荷重をかけた上で、上半身を右側にひねります。このときも後ろに置いた足をややテール寄りにずらしたほうが方向転換は楽になります。

Column_3

何回目で立てるようになる?
How many times does it take?

少ない回数で立てるようになりたい人は、
浮力のある大きめのボードで、
集中的にサーフィンに行くようにしよう。

　立つまでの回数はそれぞれですが、そこにはふたつのことが関係します。

　まずは体力と体重とボードの関係性。たとえば子どもは1回目で立てることが多い。ただ、それは体重が軽く、ボードが大きいから。そして、親も手助けをしています。大人は体力があるので、あとは体重とボードのバランスが課題。浮力のあるボードなら、比較的少ない回数で立てるでしょう。中高年は体力が落ち、体重も増えるので、大きなボードに頼らざるを得ません。

　もうひとつは、どれだけ頻繁に海へ行くかです。1回目と2回目が半年も空いていれば、これは難しい。要するに、どれだけ集中して練習をできるかということにも、回数は大きく左右されるのです。

PART
04

SURFING FOR BEGINNERS

こだわりの道具をそろえる

サーフィンは手軽に始められるスポーツですが、
それでも絶対に必要な道具がいくつかあります。
背伸びしないで、自分らしい道具を選べば、
愛着がわき、もっと海に行きたくなるはず。

072	サーフボードの説明1
074	サーフボードの説明2
076	サーフボードの取り扱い方法
078	ウエットスーツの種類
080	サーフボードとウエットスーツのケア
082	サーフアクセサリーの使い方
085	サーフボードを長持ちさせる術
086	サーフィングッズあれこれ

PART. 04
SURFING FOR BEGINNERS

サーフボードの説明1
サーフボードを知れば上達はもっと早くなる

サーフボードはサーフィンするのになくてはならない道具。そんな相棒のことを知らなければ、自分にとってのいいサーフボードとも出会えないし、いいサーフボードと出会えなければ、実際に上達が遅くなってしまう。

デッキ面
サーフボードの表側をデッキ面、デッキと呼びます。このデッキ面は、実際に足を乗せる場所です。
DECK

ノーズ
サーフボードの先端部分。テイクオフの速さや動きに影響します。

ボトム面
サーフボードの裏側をボトム面、ボトムと呼びます。水と接する場所なので、多様な仕掛けが施されています。
BOTTOM

長さ
サーフボードの長さは、浮力に直接関係します。また、ボードの動かしやすさも長さによって変わります。

幅
サーフボードで一番幅のある場所。浮力や安定感に影響します。

サイン
ストリンガー付近には、シェイパーのサインと長さ、幅、厚さなどの数値が入っています。

ストリンガー
サーフボードの中央に入った補強用の木材。ボードの素材によってはない場合もあります。

テール TAIL
サーフボードの末端部分。それぞれ幅や厚み、デザインが異なります。代表的なデザインは右の3種類です。

スカッシュ
鋭くてドライブの効いたターンが可能。安定感もあるので、オールラウンドなデザインです。

ラウンド
丸まっているため、引っかかりのないスムーズなターンが可能になります。

フィッシュ
真ん中がへこんでいるためテールを沈めやすく、細かいターンが可能。小さい波に向いています。

こだわりの道具をそろえる

サーフボードには流体力学や航空力学などの知識が盛り込まれています。サーフボードを作るシェイパーは、それらの知識を踏まえた上で、乗る人の状況に合ったボードを提供しているのです。

サーファーはそこまで高度な知識はいりませんが、最低限でもそのボードがどんなコンセプトで作られているかを知っておこう。そのためには、各部位の役割を理解することが必要になってきます。

ボトムデザイン BOTTOM DESIGN

水の流れをコントロールして、サーフボードの性能を左右するパートです。代表的なデザインは下の3種類です。

フラット
ボトム部分が平らになっているデザイン。接水面が広いため、安定感があります。

Vボトム
ストリンガーからレールにかけてVの字になっているデザイン。ターンが容易になります。

コンケーブ
レールよりも内側の部分に溝ができているデザイン。スピード性能に優れています。

レール RAIL

サーフボードの側面の丸みを帯びた部分。コントロール性能などを左右します。主なデザインは下の3種類です。

ボキシー
レールが分厚く、四角に近い形状。浮力があり、ターン時のドライブ性能に優れています。

ミディアム
ボキシーとテーパーの中間的なデザイン。オールマイティでクセのない乗り味です。

テーパー
レールが薄くなったデザイン。ターンは容易ですが、浮力には欠けるので初心者には向きません。

フィン FIN

サーフボードのボトム面についているフィンは、舵の役割を果たします。1〜3本ついている場合が多いです。

シングル
ストリンガー上にフィンが1本だけついたデザイン。回転性よりも直進性に優れます。

ツイン
フィンが2本ついたデザイン。回転性に優れますが、若干安定性に欠けます。

トライ
3本のフィンがついたデザイン。安定性と回転性を併せ持ち、バランスの取れたタイプ。

サイド面

サーフボードの横側をサイド面、サイドと呼びます。海面に食い込む個所なので、重要なパートです。

SIDE

ノーズロッカー
ノーズ部分の反りのこと。スピード性能を左右し、反りが強いとワイプアウトを防ぎます。

厚さ
サーフボードで一番厚い場所。浮力に直接関係してきます。

テールロッカー
テール部分の反りのこと。スピード性能と回転性能を左右するパートです。

サーフボードの説明2
初心者に適したボードはずばりファンボードだ！

72～73ページではサーフボードの全体的な説明をしたが、各部位の基本的な役割を理解したあとは、初心者にはどんなデザインのサーフボードが一番いいのかポイントごとに解説する。

ファンボード
だれでもサーフィンを楽しめるようにデザインされているのがファンボード。ロングボードほど長くなく、ショートボードほど短すぎず、十分な浮力があって、取り扱いも容易。

ノーズが広い
ノーズの幅が狭いと回転性は上がりますが、テイクオフが大変。初心者は浮力があり、安定感もあるノーズの幅の広いボードを選ぼう。

レールがボキシー
テーパーのボードは、初心者にとってフラフラしやすく、扱いにくいものです。安定感のあるボキシーが好ましいです。

幅が広い
ボードの幅は、十分に広いものをチョイスしよう。浮力が増す上に、安定性も上がります。初心者には優しい設定です。

テールが広い
テールの幅が広いボードは、回転性が欠ける代わりに安定感が増します。テイクオフのことを考え、テール幅の広いものを選ぼう。

フィンがトライ
安定性と回転性を兼ね備えたトライフィンは、初心者にとっても適したデザイン。しかも大きめのフィンをセットしよう。

こだわりの道具をそろえる

サーフボードを手に入れようとするとき、自分のレベルに合ったサーフボードを選ぶことが大前提になります。たとえば初心者が上級者用のサーフボードをチョイスしても、乗り手のレベルが合わないために、サーフィンをまったく楽しめない可能性が高いからです。シェイパーは、乗る人のレベルに合わせて、一本一本のサーフボードを作っているのです。

初心者はパドリングするための筋力が足りないため、テイクオフが最大の難関になります。テイクオフができないと、サーフィンをする喜びを感じられません。最初は比較的楽にテイクオフできるデザインのボードを選ぶようにしよう。それはずばりファンボードです。

PICK UP

ノーズロッカーが弱い
ノーズロッカーが強いとワイプアウトしにくくなりますが、初心者にはスピードが出やすい弱めの設定のほうがベターです。

厚みがある
厚さはサーフボード全体の浮力に大きく影響します。厚みのあるボードは浮力が増し、テイクオフも楽になるのでおすすめです。

テールロッカーが弱い
回転性に優れる強いテールロッカーよりも、スピード性能を重視した弱いテールロッカーのボードを選ぼう。

ショートボードとロングボードの違い

初心者のレベルを脱した人は、ファンボードからショートボードかロングボードに乗り換えるのも手です。それぞれの特徴を知り、自分の目指すスタイルによって、どちらのタイプを選ぶか決めよう。

SHORT
ショートボード
ノーズが尖っていて、全体的にシャープな形をしたデザイン。ボード自体をすばやく動かし、派手なテクニックを決めることを前提に作られています。

LONG
ロングボード
9フィート（274.32センチ）以上の長さがあり、ノーズが丸いものがロングボード。ゆったりと優雅なサーフィンを楽しみたい人に向いています。

SHORTBOARD AND LONGBOARD

PART. 04
SURFING FOR BEGINNERS

サーフボードの取り扱い方法
サーフボードは壊れやすいということを知っておこう

サーフボードは、ウレタンフォームにガラスクロスと樹脂をコーティングする工法で作るのが現在の主流。それら以外の素材で作られたものもあるが、それでもサーフボードは壊れやすいものだと覚えておこう。

持ち方

最も標準的な持ち方は、利き腕でボードを抱える方法です。ノーズを前、テールを後ろにし、ボトム面が内側に向くようにします。

力がなかったり、ボードの幅が広すぎたりする場合は、ボードを水平にし、レールを腰骨に引っかける形で持つ方法で対処します。

他の方法で重く感じる人は、頭の上に載せよう。テールを前、ボトム面を上にして、頭上にボードの中心がくるようにします。

こだわりの道具をそろえる

サーフボードは壊れやすい。残念ながらこれは事実です。それは、あれだけ大きなものをなるべく扱いやすくするために、軽く仕上げてあるからです。そもそもウレタンフォーム自体が発泡スチロールに似た素材で、軽い代わりに折れやすかったり、傷つきやすかったりするのです。他の素材で作られたサーフボードも、頑丈と言いきれるものではありません。また、サーフボードは日光や海水に弱いため、徐々に劣化していきます。そうすると、さらに壊れやすくなります。

だからこそ、サーフボードの取り扱いに不慣れな初心者は、丁寧に扱うことを心がけよう。特に陸上で壊さないような注意が必要です。

取り扱い方

地面につけない
ボードを取り扱う場合には、テールを保護するために、自分の足の上にボードを乗せるようにしよう。

地面につける
地面に直接テールをつけてしまうと、そのときの衝撃で割れたり、傷がついたりすることがあるので、避けましょう。

積み方

テールを前、ボトム面を上
車の上にボードを積むときは、フィンがひもに引っかかるようにテールを前にします。また、ロッカーの特性を利用するため、ボトム面を上にしよう。

置き方

デッキ面を下
デッキ面とボトム面で、もし傷つくとしたらどっちのほうがマシかといえば、それはデッキ面。だから置くとしたらデッキ面を下にします。

ボトム面を下
ボードのボトム面は、水と接する大事な部分です。シェイパーがデザインを施しているパートでもあるので、こちらを保護しよう。

立てかけない
当然のことながら、ボードを縦にして立てかけるのは非常に不安定です。いくら狭い場所でも、立てかけるのは避けよう。

077

PART. 04 SURFING FOR BEGINNERS

ウエットスーツの種類
季節によって厚さの異なる ウエットスーツを使い分ける

ウエットスーツはサーフボードの次に重要なサーフィンの道具。複数の種類のウエットスーツがあるので、上手に使い分けて、温かく快適なライディングを目指そう。

フルスーツ
全身を覆うタイプですが、初めて着た人は動きにくさを感じることがあるので、なるべく柔らかい素材のものを選ぼう。

タッパー
上半身を覆うウエットスーツで、長そでのものと半そでのものがあります。真夏でも水温が少し下がったときに活躍してくれます。

セミドライ
沖縄や鹿児島などを除く日本全国で真冬に必要になるタイプ。海水の浸入が少なくなるような構造をしているので、こう呼ばれます。

ドライ
ドライスーツの内側には、ほとんど海水が入ってきません。それを可能にするためにさまざまな工夫が凝らされた極寒用のウエットスーツ。

こだわりの道具をそろえる

ウエットスーツは、基本的には体が冷えるのを防ぐための道具。季節や地域ごとの水温や風の状況などに対応できるように、さまざまな素材や長さ、厚さのものが用意されています。真夏でも水温が低めのときに着るタッパーから、極寒の地方で着用するドライスーツまで、基本的なタイプは6種類。それらの中から自分がサーフィンする海と照らし合わせて選び、組み合わせるようにしよう。

また、ウエットスーツには補助的な役割があります。それは、日焼けを防いだり、結果的にケガを防いだりする役割です。ただし、あくまでもそれらは補助的であることを忘れないようにしよう。

スプリング
水温も気温も高めだけれど、タッパーだとだんだん冷えてくる。そんなときにぴったりなのがスプリングです。かなり使えるアイテム。

シーガル
水温はまだ低いけれど、気温は高い。そんな春の終わりから梅雨の時期を中心に活躍するのがシーガル。秋口に使ってもいいでしょう。

トランクス
夏だけならトランクスでもサーフィンは可能。ヒザ上丈のクラシックタイプや人気のヒザ下丈など素材や丈の長さといった種類が豊富。

OTHER ITEMS

グローブ
冬はパドリングをしていると手がかじかむほど冷たい。そんな真冬の海で使うアイテムのひとつ。

ブーツ
寒くて足の感覚がなくなってしまうと、ライディングにも影響が出ます。真冬の海には欠かせません。

ヘッドキャップ
特にショートボーダーや関東以北の地域の人には必須のアイテム。冷たい海水をブロックしてくれます。

PART. 04
SURFING FOR BEGINNERS

サーフボードとウエットスーツのケア
海水を洗い流すと道具は長持ちする

サーフボードやウエットスーツは決して安いものではない。だからこそ、きちんとケアをして長持ちさせるようにしよう。道具を大切に扱っていると、愛着もわいてくるので手入れもまめにしたくなるもの。

ボードを洗い流す

サーフィン後は、ボードの海水を真水で洗い流します。そうしないと、塩分が固体となってボードにこびりついてしまいます。また、ワックスが溶ける可能性があるので、温水は避け、常温水で流そう。

ボードケースに入れる

ボードは壊れやすいものなので、思わぬ落下物や地震などの災害に備えるために、使用後はボードケースに入れるようにしよう。できれば、防護性の高いハードケースのほうが好ましいです。

室内に置く

保管するときは、思わぬアクシデントを避けたり、日光が当たることによる劣化防止のため、室内に保管しよう。そのときも、日が当たりやすい窓の近くには置かないようにしましょう。

080

こだわりの道具をそろえる

意外と思われるかもしれませんが、塩水はサーフボードやウエットスーツにとって決していいものではありません。むしろ天敵といってもいいでしょう。だから、サーフィンしているときはもちろん仕方ありませんが、海から上がったあとは、きちんと海水を洗い流すようにしよう。

さらに、サーフボードとウエットスーツは、どちらも日光にとても弱いのです。サーフボードなら特にウレタンフォームを素材とするタイプのもの、ウエットスーツなら特にラバー素材のものは、日光に当たり続けると黄ばんだり、ひび割れたりして、劣化が激しくなります。長持ちさせるためにも、保管するときは、日光が届かないような室内に置くようにしよう。

ウエットスーツを洗う
ウエットスーツの場合、生地の細部まで塩水が浸透しているので、バケツなどを利用し、真水につけて塩水を流します。そのとき、生地と生地をつなぐボンドが溶ける可能性があるので、温水は避けよう。

ハンガーに掛ける
ウエットスーツはできるだけ自分の体にフィットしているほうが好ましいです。だからこそ、型くずれしないようにハンガーに掛けよう。また、ウエットスーツは重いので、厚手のハンガーを用いるほうがベター。

ウエットスーツを折り畳む
きれいにウエットスーツを畳んでおくというのは、実はやってはいけないこと。畳んでしまうとウエットスーツに折り目がつき、二度と元に戻らないからです。必ずハンガーに掛けるようにしよう。

081

PART. 04
SURFING FOR BEGINNERS

サーフアクセサリーの使い方
フィン、リーシュコード、ワックスはサーフィンに欠かせない道具

サーフボードと同様に、フィンやリーシュコード、そしてワックスはサーフィンになくてはならない道具。それぞれの役割と使い方をここでマスターしよう。

フィン

フィンの素材や大きさ、形状などによって、大きく乗り味が変わってきます。現在は取り外しができるフィンが主流ですが、固定の仕方が異なるFCSとフューチャーズという2大メーカーがよく知られています。

FIN

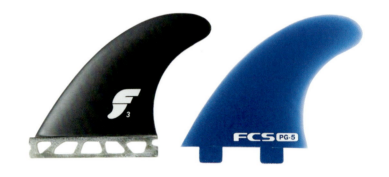

種類

オンフィン
サーフボードを作る工程でボード自体にフィンを固定するので、サーファーが自由に取り外して、他のフィンとつけ替えることはできません。

着脱フィン
自分の好みや波の状況によって、乗り味が異なるフィンに取り替えることができます。場合によっては、フィンの本数自体を変えることも可能です。

つけ方

1. FCSを例に説明します。まずは専用のフィンキーを使い、フィンがきちんと奥まではまるようにネジを十分にゆるめます。

2. フィンをしっかりと奥まで押し込み、はめていきます。そのとき、センターのフィンとサイドのフィンの取りつけを間違えないように。

3. 最後に、再びフィンキーを使い、フィンが動かなくなるまできちんとネジを締め、フィンをサーフボードに固定します。

悪い例

フィンは尖っているほうがテールに向くようにつけよう。また、奥まで押し込まず固定すると、ライディングに悪影響が出てきます。

こだわりの道具をそろえる

　サーフアクセサリーという呼び方は、サーフボードに付属するさまざまな道具の総称のことです。そのサーフアクセサリーの中でもフィン、リーシュコード、ワックスは特に重要なアイテムです。

　フィンは舵の役割を果たすアイテムで、逆に考えればフィンがなければ、サーフボードはコントロール不能になるということです。リーシュコードはサーフボードとサーファーをつなぐ流れ止めです。重要な役割を果たしますが、一方で間違ってつけたときには、大きな事故にもつながりかねません。ワックスは、サーフィンの場合は滑り止めを指します。正しく塗り、確かなグリップ力を得て、一歩上のライディングを目指そう。

リーシュコード

ライディング中のワイプアウトは上級者でもあります。そんなときに、ボードが流れていかないようにするのがリーシュコード。波やボードの大きさによって、長さや太さの異なるタイプを使い分けます。

LEGROPE

つけ方

ボードについているカップにひもを通します。そして、そのひもとリーシュコードの一端をつなげます。

次に、リーシュコードの太いほうの一端を、足首に巻きつけます。ゆるくなりすぎないように注意しよう。

よい例

面ファスナーとコードをつないでいる個所が、外側に向くように取りつけます。こうすると、ライディングの邪魔になりません。

悪い例

面ファスナーとコードをつないでいる個所を内側に向けると、リーシュコードが足に絡み、満足なライディングができません。

083

PART. 04
SURFING FOR BEGINNERS

ワックス

ワックスはボードのデッキ面に塗る滑り止めですが、水温の変化に対応できるように、異なる硬さのワックスが数種類出回っています。サーフィン当日の水温に適した硬さのものを選ぶようにしよう。

WAX

塗る場所

ファンボードの場合、デッキ面全体に塗ることもありますが、重点的に塗るのは足を乗せるテール寄りの3分の2です。

塗り方

1

まずは、ベースコートと呼ばれる下地に塗るためのワックスか、一番硬いワックスを使います。

2

ラップを取り、ワックスの角を使って、ベースコートを塗ります。そのとき、間隔を均等にして、斜めに塗っていきます。

3

次に、直前に塗った斜めのラインにクロスさせるようにして、再びワックスを斜めに塗っていきます。

4

ワックスの種類を変えます。水温に合わせたワックス選びについては、サーフショップのスタッフに尋ねよう。

5

この段階では、ワックスの面を使い、小さな円を描くようにして、ベースコートを塗った場所に上塗りします。

6

上手にワックスを塗ると、小さな粒がいくつもできたような状態になります。ベタッとならないように注意しよう。

こだわりの道具をそろえる

サーフボードを長持ちさせる術
小さな傷はリペアグッズでかんたんに直せる

どんなに注意していても、うっかりサーフボードを傷つけることはある。ウレタンフォームのサーフボードの場合、小さな傷は自分で直せるので、なるべく自力でリペアしよう。大きめの傷は、サーフショップに修理を依頼しよう。

リペアグッズ

樹脂、ガラスクロス、硬化剤、マスキングテープ、サンドペーパーなど、自分でサーフボードを直すために必要な道具。セットでも販売しているが、個別に購入することもできるので、足りなくなったら買い足すようにしよう。

REPAIR GOODS

直し方

1
ボードのデッキ面に、直径5ミリ程度の小さな傷ができてしまいました。しかし、この程度なら自分で直せます。

2
まずは目の粗いサンドペーパーで傷とその周辺を削って開きます。水を吸っていたらしばらく放置し、乾燥させます。

3
傷の周辺にマスキングテープを施し、樹脂に硬化剤を混ぜた液体を流し込みます。空気が入らないように注意。

4
樹脂が乾き始め、ジェル状になってきたら、カッターやカミソリの刃を使って余分な樹脂を取り除きます。

5
樹脂が完全に固まったら、目の粗いサンドペーパーから順番に使って、傷の個所を自然な状態に仕上げていきます。

6
傷跡は多少残りますが、きちんとリペアしたので、サーフボードの内部に水が浸入することはありません。

PART. 04
SURFING FOR BEGINNERS

サーフィングッズあれこれ
他にもあるぞ、こんな便利グッズ

サーフィンの道具には、あったらすごく便利と思えるようなグッズがたくさん発売されている。用途を見極め、自分にとって必要なグッズを手にしてみては。

ワックスリムーバー
ワックスは定期的にはがさないといけません。これは、そのはがすときに便利な液体。ワックスを溶かすので、ボードがきれいになります。

ワックスコーム
ワックスリムーバーの前に使用するワックスはがし。これでデッキ面をこすれば、かんたんに、かつボードを傷つけずにワックスをはがせます。

ウエットシャンプー
ウエットスーツを真水で洗い流すだけでなく、汚れも落としたい、という人におすすめ。特にシーズン終わりに使用したい。

ウエットハンガー
ウエットスーツは特に水を吸っている状態だとかなり重くなります。型くずれを防ぐために、専用のハンガーを使用するのもいいでしょう。

簡易リペアグッズ
サーフトリップに出かけたけれど、ボードを壊してしまった、というときに便利なアイテム。塗って日光にさらせば、応急処置ができます。

ワセリン
特にサイズの合わないウエットスーツを着ていると、首まわりやわきの下が擦れてしまうことがあります。ワセリンは擦れを防ぐ潤滑剤です。

クラゲよけ
夏もお盆を過ぎたあたりから、クラゲが海に漂い始めます。そんなときに便利なのがこれ。クラゲを寄せつけない成分が入っている液体です。

日焼け止め
常に太陽の下にさらされるサーファーには、日焼け対策は必須。ウォータープルーフで、SPF値の高いものを選ぶようにしよう。

ホットジェル
寒い冬のサーフィンに一役買うアイテム。適量を肌に塗ると、ポカポカと塗った場所が温かくなってきます。約2時間弱、効果が持続します。

OTHER ITEMS

086

こだわりの道具をそろえる

　サーフィンの世界が商業化を加速させてから、かれこれ50年近くの月日が流れました。最初はサーフボードとトランクスだけの非常にシンプルなスタイルでしたが、必要に応じてさまざまな商品が開発され、より便利に、そしてより快適に楽しめる方向へと進んできています。現代のサーファーは、昔と比べたら非常に恵まれた環境にあるといえるでしょう。

　ここで紹介するグッズの数々は、必ずしも必要なものではありません。しかし、持っていると便利なものばかり。もし購入するのであれば、用途と使用頻度を考えて、自分にとって必要なものから徐々に買いそろえていくのが、賢い買い方です。

OTHER ITEMS

ワックスケース
ワックスは車内や室内にじかに置いておくと、溶けてしまうことがあります。そんな被害を防ぐために、ワックスケースに収納しよう。

ホットパウダー
寒い冬に活躍するアイテム。常温の水にこのパウダーを溶かし、しばらくすると温水に早変わり。これを浴びれば、塩水を快適に洗い流せます。

スリップオンスプレー
特にビギナーは、ウエットスーツを着るのに手間取るはず。しかし、これを吹きつければ滑りやすくなり、スムーズな着脱が可能になります。

速乾タオル
頭や体、またはボードについた水をふくとき、速乾性に優れたタオルを使えば、より快適にアフターサーフに臨めます。

ボードスタンド
ボードはデッキ面を下に向けて置くのが正解ですが、ワックスがついているので、それも嫌だ、という人は、スタンドを使おう。

ウエットバケツ
ウエットスーツを脱ぐときにこの中で着替えれば、砂がつくことはありません。使用後のリーシュコードやフィンを入れておくのにも便利。

プラスチックのタンク
サーフィン後に、体やボードについた海水をすぐに流したい人は、タンクに真水を入れ、ビーチまで持っていくようにしよう。

携帯シャワー
タンクに入れた水を使うとき、水を節約しながら上手に浴びるならこの携帯シャワー。車のソケットにつないで電源を取ることができます。

ポンチョ
ウエットスーツの着脱時は、裸になります。それでもポンチョがあれば、楽に着替えられます。また、体についた水分も吸い取ってくれます。

PART. 04
SURFING FOR BEGINNERS

Q：サーフィンに役立つコツを教えて！
これらを知っておくと損はしないハズ！

サーフィンをするなら知っておいたほうがいいちょっとしたコツはたくさんあるけれど、中でもここで紹介するのは、本当に使えるものばかり。特に全国ウエットスーツカレンダーはかなり実用的な情報。

地域によってウエットスーツは変わる

地域ごと、季節ごとに必要なウエットスーツが一目でわかるように、アイコンを右に示しました。ただし、その日の潮の流れによって、変わる場合があるので注意。

アイコンの説明：ドライorセミドライ／3ミリフルスーツ／シーガル／スプリング／タッパー／トランクス／ブーツ／グローブ／ヘッドキャップ

9 鳥取・島根
日本海は海域が狭いため、季節による水温の変化が激しい。中でもこのエリアは少ないほう。

10 福井・京都
冬に波が立つ日本海エリア。オンショアがやんだあとが狙い目だが、水温は低い。

11 秋田・新潟・富山・石川
日本海エリアでも最も寒さが厳しい地域。雰囲気もかなり寒々しくなるが、冬の波はいい。

8 九州西
同じ九州でも、西側に回ると一気に水温がダウン。特に冬場はかなり厳しい状況に。

5 静岡・伊良湖・伊勢・和歌山
意外と冬は一部の関東エリアより水温が低かったりする。夏は十分に温かい。

7 九州東
全体的に温暖。冬でも水温は20℃前後なので、セミドライがいらない場合もある。

6 四国
ここまで南下しても、冬はセミドライが必要。ただし、どちらかといえば冬はオフシーズン。

088

悩み解決 Q&A

日本の場合、海水温は季節によって大きく異なってきますが、同時に地域によっても違います。たとえば北海道と沖縄では、同じ冬でも水温は15度近く差があります。だからこそ、自分の地域に合ったウエットスーツを購入するために、このカレンダーが役に立つのです。

また、波にとってはゆるいオフショアが最適ですが、実はこの「ゆるい」というのがポイント。朝と夕方が狙い目という理由につながってきます。

サーフィン上達には海に入るのが一番ですが、なかなか海に行けないときは、イメトレするのがいいでしょう。

レギュラーかグーフィーか、自分のスタンスがよくわからない人のためにもコツを紹介します。

当然ながら、日本で一番寒いエリア。ウエットスーツの価格が高いからと二の足を踏む余裕はナシ。

このエリアも冬は極寒。3ミリ以上のウエットスーツは毎年買い替える余裕がほしい。

ここまで下ると、ようやく真冬でもドライなしでなんとかいける。ただし、夏でも冷たい。

関東周辺で、冬も少し温暖な雰囲気を味わえるエリア。ようやく夏はトランクスのみ。

朝イチと夕方が狙い目！

朝イチと夕方は「凪（なぎ）」といわれるように風が弱まります。なぜなら、空気は温度の高いほうから低いほうに流れるため、陸地と海の温度差が少ない朝夕は空気の流れが少ないから。風が弱いほうがサーフィンには有利。

サーフショップで最新のものが手に入る。

DVDはイメトレにぴったり！

海に行けない日々が続いたときは、今までマスターした技術が錆びないか不安になるもの。そんなときにはDVDがぴったり。サーフィンのものならどんなDVDでもいいので、見て楽しんで、イメージを膨らまそう。

押してもらってスタンス確認

どうしても自分のスタンスがわからない人は、足をそろえた状態で他の人から背中を押してもらおう。意識しないで前に出た足が、スタンスでもそのまま前に置く足になる可能性があります。ただし、絶対ではありませんが…。

PART. 04
SURFING FOR BEGINNERS

Q: サーフィンでやってはいけないことはある?

みんなが楽しむために ルール&マナーがあります

サーフィンは海という公共の場で行うスポーツ。ただ、基本的には誰が入っても罰せられない海だからこそ、みんなでサーフィンを楽しむためのルールが存在する。それをここでしっかり覚えておこう。

RULES&MANNERS

前乗りは最悪な違反行為

サーフィンには「一本の波に乗れるのは一人」という基本的なルールがあります。すでに乗っている人がいるのに、その前から波を横取りするのは最悪なルール違反です。

RULES&MANNERS

ピークに最も近い人が優先

複数の人が同時にテイクオフしようとしている場合、ピークに一番近い人に優先権があります。これを守らないと、乗っている人が楽しめません。

RULES&MANNERS

ゲッティングアウト時に進路妨害しない

誰かが波に乗っているとき、ゲッティングアウトしている人はなるべく避けていかなければなりません。基本的には乗っている人に優先権があります。

悩み解決 Q&A

　サーフィンをする場合、ローカリズムに関する話をよく耳にします。ローカリズムとは、その海をメインのサーフポイントとしてサーフィンする地元の人たち=ローカルによる地域性のことです。

　確かに海は公共の場です。ただ、その海を生活圏とし、その海で昔からサーフィンしているローカルの気持ちを考える必要があります。彼らはその海を愛しているからこそ、ゴミ拾いをしたり、トラブル防止に努めたりしています。だからこそ、勝手な振る舞いは許されません。たとえば、自分の庭に他人にゴミをポイ捨てされたら不快になるのと同じです。他の海に入るときは、「おじゃまします」という気持ちを忘れないように心がけよう。

RULES&MANNERS

大人数で海に入らない

多くの場合、波の数は限定的で、特に週末は波よりサーファーの数のほうが多いことがあります。大勢で入ると、海にいるサーファーの秩序が乱れます。

RULES&MANNERS

周りの住民に迷惑をかけない

サーフィンがどうこういうより、人としてのマナーの問題ですが、路上駐車などをしてしまうと、地元住民の迷惑になります。夜中に大音量の音楽を鳴らすなども同様の迷惑行為です。

RULES&MANNERS

海でももちろんポイ捨て厳禁

海にゴミをポイ捨てすると、サーファー全体のモラルが疑われます。ポイ捨てをした人は、自らサーフィンしづらい環境をつくってしまっているのです。

PART. 04
SURFING FOR BEGINNERS

Q: 最初はどこで練習すればいいの?

波が小さいときの
オープンなビーチブレイクが最適!

初心者が上級者のたくさんいる海に入っても、波に乗れる本数はわずか。だからといって誰もいない海に入ることもNG。そこで初心者にもおすすめの海岸を挙げた。ただし状況は常に変化していることを忘れないように。

25 富山・岩瀬浜
やはり冬場に波が上がるポイント。ただし、サイズアップに伴い、強烈な流れが沖に向かって流れるので、十分に注意しよう。

23 福井・三国
このあたりのメインとなるサーフポイント。時々ロングライディングが可能な波も入ってくる。初心者にも優しいビーチブレイク。

26 新潟・五十嵐浜
主に冬にサーフィンが可能となるビーチブレイク。季節風である北西からの風が弱まったあとに、コンディションが整う。

24 石川・大浜
夏は海水浴場となるポイントだが、メインのサーフシーズンは冬。至るところで波が割れる典型的なビーチブレイク。

27 秋田・西目
ローカルも多くサーフィンするが、ビーチが広いので場所を選べる。本格的なサーフシーズンは冬。

20 島根・千畳園
初心者に特にいいのは、奥にある河口のまわり。波の質はそれほど高くないが、適度なサイズでサーフィンを楽しめる。

21 鳥取・白兎
全体的には典型的なビーチブレイクで、地形次第でブレイクが変わる。サイズが大きくなると強いカレントが出始めるので注意。

22 京都・八丁浜
主に冬のうねりを拾い、サーフィン可能となるポイント。近くのポイントよりもワンサイズ波が小さいが、大きくなると流れが発生。

悩み解決 Q&A

ここに挙げたサーフポイントは、どこも海底が砂になったビーチブレイクです。しかも、ローカリズムがそれほど厳しくなく、他のサーファーにも開放的といわれています。これらのポイントで、波のサイズが小さいときに、できるだけ混雑を避けた場所を選ぶようにすれば、目的に合った練習ができるはずです。

ただし、季節によっては波がないポイントもあります。たとえば、夏の日本海は、湖のように平らなことも多いのです。だからこそ、波を予想することが大事なのです。

また、いくら開放的といっても、そこにはやはりその海を大事にしている人がいることを覚えておこう。夏場に海水浴場になるポイントもあるので注意してください。

OPEN BEACH BREAK 27 SPOTS

15 和歌山・磯ノ浦
ビーチが遠浅で、ふだんはパワーのない波が割れる。地理的な条件から、サイズが上がることは少ないが、それでも流れが発生する。

10 新島・羽伏浦
主に春に海底の地形が決まりやすくなるビーチのポイント。波にパワーがあるので、特に小さめの日を狙ってサーフィンしよう。

5 茨城・大貫
ブレイクは厚く、ここのビーチを北に行くほどサイズは小さくなる。強いカレント発生時にはローカルが警告するので海から上がろう。

16 高知・生見
2キロに及ぶ海岸では、至るところで波が割れる。関西方面のサーファーには人気のポイント。ただし、中央に岩があるので注意。

11 伊豆・白浜
風光明媚な伊豆随一のメジャーポイント。ポイントはいくつかのさらに小さなポイントに分かれている。海水浴場としても有名。

6 千葉・太東
九十九里浜の最南端に位置するこのポイントは、同じエリアの他のポイントよりサイズが下がる。ブレイクも厚く、初心者からOK。

1 北海道・浜厚真
浜厚真川から流れ出る砂の影響により、遠浅な地形で、レギュラー、グーフィーともに乗りやすい。ただし河口付近はローカルのみ。

17 宮崎・木崎浜
典型的なビーチブレイクだが、比較的長く波を乗りつなぐことができる。波があることが多く、県内外のサーファーに人気。

12 静岡・静波
海底の地形次第で波の質がかなり変わるビーチブレイク。初心者もOKだが、サイズアップすると強い流れが発生するので注意。

7 千葉・マルキ
典型的なビーチブレイクで、小さいときは初心者が練習可能。ただし北側は岩場になっている上、ローカルが大切にしているエリア。

2 岩手・浪板
崖に囲まれているので、風の影響が少ないポイント。潮回りによって波の質が変わってくるので、突然の変化には注意しよう。

18 鹿児島・江口浜
広いビーチで、消波ブロックのまわりは海底の地形が決まりやすい。しかしサイズが上がると流れが発生するので、無理をしないこと。

13 伊良湖・ロングビーチ
駐車場やトイレなどの施設が充実しているポイント。ビーチ自体が広く、比較的混雑を避けてサーフィンする場所を選択できる。

8 湘南・鵠沼
日本を代表するメジャーなポイント。波も小さいことが多い。しかし、混雑が激しいので、いかに人を避けるかが問題。

3 宮城・仙台新港
東北屈指のメジャーなポイント。サイズが上がったときは上級者をも満足させる波が立ち、小さくても初心者は注意が必要。

19 福岡・汐入
ブレイクが厚く、波にそれほどパワーがない汐入川河口のポイント。海岸自体も広いので、混雑を避けられる。駐車場も広い。

14 伊勢・国府の浜
特に波の小さいときは、ブレイクが厚く、パワーがない場合が多い。大きいと強い流れが発生するので、海から上がるように。

9 湘南・辻堂
同じ湘南エリアの鵠沼よりは少し波にパワーがある。潮回りによってブレイクしづらくなることが多いので、そうなったら他へ。

4 福島・北泉
テイクオフするのに優しい波が立ち、うまくいけば長く乗りつなぐことも可能。ただし、震災後のサーフィンは限定的。

093

PART. 04

SURFING FOR
BEGINNERS

Q：サーファーたちの会話がわからない！

サーフィン独特の
用語を理解しよう

サーフィンの話をするとき、さまざまな専門用語にぶつかる。波の状態やサーフィンのテクニックなど、最初は難解に思えるかもしれないが、実際にサーフィンしながら話していれば、意外とかんたんに理解できる。

ア行

アウトサイド（アウト）
海の沖のエリアのこと⇔インサイド

厚い波
斜面がゆるやかな波のこと＝トロい波

当て込む
ボードを波のリップに当てる動きのこと

インサイド
海の岸側のエリアのこと⇔アウトサイド

インパクトゾーン [2]
崩れてきた波が海面にぶつかった瞬間、またはそのエリア。波の力が最もある場所

オフショア
ビーチから沖に向かって吹く風⇔オンショア

オンショア
沖から陸地に向かって吹く風⇔オフショア

カ行

カール [3]
崩れかかっている波の部位

カレント
海の中の潮の流れ

キックアウト
ボードを蹴り出して波の上に飛び出すプルアウトのこと

グーフィー
右足を前、左足を後ろに置く姿勢（グーフィースタンス）。または海から見て左方向に崩れる波（グーフィーブレイク）＝レフトブレイク⇔レギュラー

グラッシー
波面が鏡のように滑らかな状態のこと＝面ツル⇔チョッピー

グランドスウェル
台風や発達した低気圧から発生する大きなうねり

クローズアウト
波が大きすぎたり、風が強すぎたりしてサーフィンができない状況

ゲッティングアウト
パドリングして波待ちをする沖のエリアまで出ること＝エントリー

サ行

サイドショア
岸と平行に吹く風

三角波
ピークを頂点にして、左にも右にも適度な速度で崩れていく完璧な波＝Aフレーム

サンドバー
海底にできた砂の堆積のこと。波の質を左右する

シークレット
一部のローカルサーファーが大切にしていて、一般的には知られていないポイント

シェイパー
サーフボードを作る職人のこと

シャロー
水深が浅いエリアのこと

ショアブレイク
岸の近くでブレイクする波

ショルダー [8]
ブレイクしている場所から離れた波の斜面

スイッチスタンス
ふだんの状態からスタンスを変えてライディングすること

スウェル
海面の波動＝うねり

スープ [1]
波がブレイクしたあとにできる白い泡のこと

ストール
チューブに入るために減速してタイミングを合わせること

スネーキング
ピークに近い場所で波待ちしているサーファーのほうに、回り込むようにテイクオフして波を奪う違反行為

スピンアウト
ターンのときにフィンが抜けてワイプアウトしてしまうこと

スプレー
ターンのときに空中に飛ぶ水しぶきのこと

セクション
波の上のライディングが可能なエリア

セット
周期的にやってくる大きめの波。3、4本の波が一群となっている場合が多い

094

悩み解決 Q&A

タ行

タイド
潮の満ち干。満潮をハイタイド、干潮をロータイドという＝潮回り

ダンパー
一気に崩れる波

チャンネル
岸から沖に向かって潮が流れている場所＝リップカレント

チューブ
ブレイクした波がトンネルのようになった状態

チョッピー
強いオンショアで海面が波打っている状態↔グラッシー

ディング
サーフボードの傷やへこみのこと

トップ 5
波の上の部分

ドルフィンスルー
沖に向かっているときに、来る波をかわすために海中にボードごと潜るテクニック＝ダックダイブ

トロい波
斜面がゆるやかな波のこと＝厚い波

ドン深
水深が急に深くなっている場所のこと↔遠浅

ハ行

パーリング
サーフボードの先端が海面に刺さること

バックウォッシュ
沖からブレイクした波と岸から戻る波がぶつかった状態

バックサイド
波に背を向けてライディングする状態のこと↔フロントサイド

パドリング
サーフボードに腹ばいになり、腕で水をかいて進む動作

ビーチブレイク
海底が砂で形成されているポイント、またはそこでブレイクする波

ビジター
ホームポイント以外のポイントを訪れるサーファー↔ローカル

フェイス 7
波がブレイクする前の斜面

フェイドターン
波が崩れていく方向とは逆にテイクオフして、立ち上がったら通常の方向に進む技

プッシングスルー
サーフボードを少し海面下に沈めて腕を伸ばし、体とサーフボードの間に波を通してやりすごすテクニック

フラット
波がまったくない状態

プルアウト
サーフボードをコントロールして意識的にライディングをやめること

フロントサイド
波のほうを向いてライディングする状態のこと↔バックサイド

ポイントブレイク
岬でブレイクする波、または常に同じ場所でブレイクする波

ボトム 6
波の下の部分。またはサーフボードの裏の面

ホレた波
斜面が急な波のこと

マ行

前乗り
他のサーファーがライディングしている波の前方に割り込んでテイクオフするルール違反＝ドロップイン

マニューバー
波の上で行うテクニックの総称、またはそのときに水面にできる軌跡

ラ行

ラインナップ
サーファーが波待ちをするエリア。または波がまとまってやってくる状態のこと

リーフブレイク
うねりが海底の珊瑚や岩に当たってブレイクするポイントのこと。またはそこの波

リップ 4
波がブレイクし始める場所

リバーマウス
河口周辺のポイントのこと

レギュラー
左足を前、右足を後ろに置く姿勢（レギュラースタンス）。または海から見て右方向にブレイクする波↔グーフィー

ローカル
あるポイントに長い間通い続けている地元のサーファー↔ビジター

ローリングスルー
サーフボードをひっくり返し、自らも海中に潜って来る波をやりすごすテクニック

ワ行

ワイプアウト
ライディング中に失敗して海に落ちてしまうこと

> 上達する一番の近道は
> サーフィンを楽しむことです！
> ——細川哲夫

監修／細川哲夫（プロサーファー）
スチール撮影／CHAR
スタイリング／稲葉美紀
表紙・本文デザイン／FLIPPERS
DVD制作／中野晋、鈴木晴雄（PARUO FILM）
企画・構成・文／中野晋
校正／安倍健一
編集担当／池上利宗（主婦の友社）

撮影協力／オッシュマンズ
　　　　　ボディグローブ
　　　　　サーフ8
　　　　　ダカイン
　　　　　虎壱サーフトランクス

DVDつき
大人のためのサーフィンはじめてBOOK

編 者　主婦の友社
発行者　荻野善之
発行所　株式会社主婦の友社
　　　　〒101-8911　東京都千代田区神田駿河台2-9
　　　　電　話03-5280-7537（編集）
　　　　　　　03-5280-7551（販売）
印刷所　大日本印刷株式会社

○ 乱丁本、落丁本はおとりかえします。
　お買い求めの書店か、主婦の友社資材刊行課（電話03-5280-7590）にご連絡ください。
○ DVDの動作に対するお問い合わせはDVDサポートセンター☎0120-50-0627）
　　＊お問い合わせ受付時間　土・日・祝日を除く　10:00〜17:00
○ 内容に関するお問い合わせは、主婦の友社（電話03-5280-7537）まで。
○ 主婦の友社発行の書籍・ムックのご注文は、
　お近くの書店か、主婦の友社コールセンター（電話0120-916-892）まで。
　　＊お問い合わせ受付時間　土・日・祝日を除く　月〜金　9:30〜17:30
　主婦の友社ホームページ　http://www.shufunotomo.co.jp/

Ⓒ Shufunotomo Co., Ltd. 2016 Printed in Japan
ISBN978-4-07-415830-0

Ⓡ本書を無断で複写複製（電子化を含む）することは、著作権法上の例外を除き、禁じられています。
本書をコピーされる場合は、事前に公益社団法人日本複製権センター（JRRC）の許諾を受けてください。また本書を代行業者等の第三者に依頼してスキャンやデジタル化することは、たとえ個人や家庭内での利用であっても一切認められておりません。
JRRC〈http://www.jrrc.or.jp　eメール：jrrc_info@jrrc.or.jp　電話：03-3401-2382〉
※本書は『DVDつき　今から始める大人のサーフィン入門』（主婦の友社）を再編集したものです。
た-073101